Think Tanks

W0061591

Think Tanks
Die Beratung der Gesellschaft

Herausgegeben von Thomas Brandstetter,
Claus Pias und Sebastian Vehlken

diaphanes

1. Auflage
ISBN 978-3-03734-086-8

© diaphanes, Zürich-Berlin 2010
www.diaphanes.net
Alle Rechte vorbehalten

Satz und Layout: 2edit, Zürich
Druck: Pustet, Regensburg

Inhalt

Claus Pias, Sebastian Vehlken

Einleitung
Von der »Klein-Hypothese« zur *Beratung der Gesellschaft*

»By think tanks I mean the people who are paid to think by the makers of tanks«. Mit diesem Satz illustrierte die Globalisierungskritikerin Naomi Klein im Jahr 2007 auf der Jahreskonferenz der *American Sociological Association* in New York die notorische Konnotation von Think Tanks als Agenturen politischer Einflussnahme.[1]

Natürlich formten bestimmte Think Tanks nach dem Zweiten Weltkrieg die Denkmuster und Handlungsempfehlungen des sogenannten »militärisch-industriellen Komplexes« – und genau darauf zielt auch Naomi Kleins Formulierung. Die tatsächliche, zumindest aber weithin imaginierte elitäre Abgeschlossenheit bestimmter Think Tanks – eines der bekanntesten Beispiele ist die RAND-*Corporation* – evozierte eine Art Generalverdacht, dass hinter ihren verschlossenen Türen genialische und höchst riskante Denkspiele betrieben und Doomsday-Maschinen konstruiert würden. Vor diesem Hintergrund tauchen Figuren wie Stanley Kubricks *Dr. Strangelove* auf und erscheint ein Buch wie *Thinking About the Unthinkable*, eine von vielen Publikationen

---

1   Vgl. Amy Goodman: »Naomi Klein: From Think Tanks to Battle Tanks. The Quest to Impose a Single World Market Has Casualties Now in the Millions«, in: *Democracy Now!*, 15. August 2007. URL: http://www.democracynow.org/2007/8/15/naomi_klein_from_think_tanks_to (gesehen am 12.08.2009).

des wegen seiner Körperfülle auch »Second-Strike Santa Claus«[2] genannten RAND-Mitarbeiters und späteren *Hudson-Institute*-Leiters Herman Kahn, in denen er sich ausführlich mit Szenarien für eine erfolgsorientierte atomare Kriegsführung befasst.[3] Naomi Kleins Spiel mit der doppelten Wortbedeutung von »Tank« liegt auch deshalb nicht fern, weil die Bezeichnung ›Think Tank‹ im heutigen Sinne dem Kontext der *War Rooms* des britischen Militärs während des Zweiten Weltkriegs entspringt, bevor er ab 1946 explizit für jenes paradigmatische Projekt mit dem Titel *Research ANd Development* (RAND) der US Air Force eingeführt wird.[4]

Dennoch greift Kleins Wortspiel deutlich zu kurz. Denn in Think Tanks bleiben bis heute Ideen und Ideale eines spezifischen Zusammen-Denkens wach, die ohne Rücksicht auf die geläufigen Dogmen der Political Correctness in weitaus vielfältigeren Anwendungskontexten als dem militärischen operabel werden. Diese gehen sowohl institutionell als (wissens-)historisch tiefer: Die Geschichte eines Denkens, wie es sich mit der RAND *Corporation* schließlich in Strandnähe der kalifornischen Pazifikküste institutionalisiert, besitzt eine historische Fluchtlinie, der noch nachzugehen sein wird. Zugleich deuten sich in einer Einrichtung wie RAND jedoch auch ganz neue epistemologische und mediengeschichtliche Aspekte an. Denn hier werden Think Tanks ganz

---

2 Vgl. Louis Menand: »Fat Man. Herman Kahn and the Nuclear Age«, in: *The New Yorker*, 27. Juni 2005. URL: http://www.newyorker.com/archive/2005/06/27/050627crbo_books (gesehen am 12.08.2009).

3 Vgl. Stanley Kubrick: Dr. Strangelove or: How I Learned to Stop Worrying and Love the Bomb, USA 1964. Herman Kahn: *Thinking About the Unthinkable*, New York 1962.

4 Vgl. z.B. Bruce L. R. Smith: *The Rand Corporation. Case Study of a Nonprofit Political Advisory Organisation*, Harvard 1969.

wörtlich als besondere Verschaltungen von Wissen und Räumen zu denken gegeben. Diese Kombination steigerte einerseits ihren Imaginationswert im Rahmen eines politisch Unheimlichen. Andererseits aber macht sie den Einsatz eines im Folgenden näher zu bestimmenden *Think Tank-Konzepts* als Instrument der Politikberatung oder des betriebswirtschaftlichen Managements nachvollziehbar. Denn eine Verlängerung jenes Zeitpfeils, auf dem RAND eine prominente und unhintergehbare Position belegt, hinein in die Allgegenwart heutiger Beratungsagenturen gibt Hinweise darauf, welche Elemente eines ›Think-Tank-Denkens‹ diese Konjunktur der Beratung befeuert haben mögen.

Wenn gegenwärtig Begriffe wie Advisory Board, Anlageberatung, Arbeitsmarktberatung oder Berufsberatung kursieren und diskursiviert werden, wenn unablässig von Coaching, Consulting, Drogenberatung, Eheberatung Ernährungsberatung, Erziehungsberatung, Expertenkommissionen und den ›Fünf Wirtschaftsweisen‹ die Rede ist, wenn Lebensberatung, Steuerberatung, Studienberatung, Stilberatung, Unternehmensberatung und Vermögensberatung nicht mehr aus dem Lebensalltag wegzudenken sind, dann lässt sich unsere aktuelle Lage mit gutem Grund als ›Gesellschaft der Beratung‹ charakterisieren. Hier ist jedoch nicht der Ort, diese Vielfalt an Beratungen eingehend zu systematisieren und zu differenzieren. Und auch eine präzise Genealogie von Think Tanks seit dem Zweiten Weltkrieg und eine komparative Zusammenschau der Gemeinsamkeiten und Unterschiede je nach ihrem Beratungsfokus, also die Erstellung einer Typologie, würde den Rahmen dieser Publikation übersteigen.[5] Und schon gar nicht

---

5 Vgl. hierzu historisch/allgemein jüngst z.B. *Zeitschrift für Ideengeschichte*, Heft III/3 (2009). Paul Dickson: *Think Tanks*, New York 1971.

steht eine Analyse des verschiedentlichen Bedarfs an Beratungsleistungen oder die Erstellung eines Ratgebers zum Umgang mit
Ratgebern zur Debatte.

Gefragt werden soll vielmehr nach der Herkunft, der konkreten
Ausbildung und den (Medien-)Techniken jener Wissensverhält-
nisse, in denen Beratungen stattfinden. In diesem Zusammenhang
ist es die Institution Think Tank, deren Beschreibung einem Wissen der Beratung Kontur und Plastizität geben kann. Wir orga-

----

Stephan Boucher; Martine Royo: *Les think tanks: cerveaux de la guerre des
idées*, Paris 2006. Zur RAND *Corporation*: John Macdonald: »The war of
wits: here for the first time the story of the Rand Corporation (›Project
Rand‹), the Air Force's big brain-buying venture«, in: *Fortune*, 3 (1951).
Rand Corporation (Hrsg.): *The Rand Corporation. The First Fifteen Years*,
Santa Monica 1963. T. T. Connors: *The Rand Corporation as a Source of
Research, Geographic and Otherwise*, Santa Monica 1968. Bruce L. R. Smith:
The Rand Corporation, a.a.O. In Bezug auf Think Tanks im politischen Be-
reich vgl. Donald E. Abelson: *Do Think Tanks Matter? Assessing the Impact
of Public Policy Institutes*, Montreal 2002. Donald E. Abelson: *A Capitol
Idea: Think Tanks and US Foreign Policy*, Montreal 2006. Andrew Rich:
Think Tanks, Public Policy, and the Politics of Expertise, Cambridge 2004.
Diane Stone: *Capturing the Political Imagination: Think Tanks and the
Policy Process*, London 1996. Diane Stone: *Think Tank Traditions: Policy
Research and the Politics of Ideas*, Manchester 2004. Diane Stone: »Garbage
Cans, Recycling Bins or Think Tanks? Three Myths about Policy Institu-
tes«, in: *Public Administration*, 2 (2007), S. 259–278. Anna Böhning: *Think
Tanks in den USA: Die Rolle und ihre Funktion im politischen System*, Saar-
brücken 2007. Adrian Steiner: *System Beratung. Politikberater zwischen Anspruch und Realität*, Bielefeld 2009. R. Kent Weaver: »The Changing World
of Think Tanks«, in: *Political Science and Politics,* 22/3 (1989), S. 563–578.
Mit Blick auf die ökonomische Bedeutung von Think Tanks vgl. u.a. Markus R. Bechtinger: *Think Tanks: ein Instrument der strategischen Unterneh-
mensführung*. Bern 2002. Richard Cockett: *Thinking the Unthinkable: Think
Tanks and the Economic Counter Revolution, 1931–1983*, London 1995.

nisieren unsere Annäherung an eine Epistemologie der Beratung
dabei zunächst um das Gravitationszentrum RAND *Corporation*
als jenem prototypischen Think Tank, in dem sich ein spezifisches
Denken geradehin *materialisiert*, ein Denken – und dies ist vielleicht kennzeichnend für das Beraterwissen allgemein –, das ein-
hergeht mit einem Bruch gängiger Denkschemata. Dabei können
Think Tanks als charakteristische räumliche und zeitliche Anordnungen gefasst werden, in denen sich in elementarer Weise ab-
zeichnet, wie es sich mit dem Wissen der Beratung verhält und wie
sich dieses Wissen selbst in Bezug auf die Perspektivierung – und
mithin auf die Produktion – von Vergangenem, Gegenwärtigem
und Zukünftigem verhält. Es gilt, den Grundlagen und Grün-
dungsszenen dieses Wissens nachzugehen und Ansätze einer Epistemologie der Beratung zu skizzieren. Die im Folgenden aufge-
zeigten medien- und wissensgeschichtlichen Perspektiven mögen
als Ausgangspunkt und Anregung zum Weiterdenken dienen und
darüber hinaus einen theoretischen und historischen Rahmen für
Folgeprojekte bilden, die vermehrt auch selbstkritische Innenper-
spektiven aus heutigen Think Tanks und Beratungsagenturen versammeln und somit auf der Höhe der Zeit ein Wissen der Beratung mit den Strategemen dieses Wissens rückkoppeln könnten.

* * *

Ein Blick auf die vielfältigen Filiationen von Konsultation[6] und
Consulting in unserer Gesellschaft der Beratung legt die Vermutung nahe, dass Think Tanks über ihren ursprünglich mili-

---

6   Vgl. Peter Sloterdijk: »Konsultanten. Eine begriffsgeschichtliche Erinnerung«, in: *Revue für Postheroisches Management*, 2 (2008), S. 8–19.

tärischen Kontext hinaus für jegliche Problemlagen interessant sind, in denen die Komplexität und Unüberschaubarkeit von Zusammenhängen ein Denken außerhalb konventioneller Bahnen erfordert. Doch wie funktionieren Think Tanks? Was steht im Zentrum ihres ›Willens zum Wissen‹? Welche architektonischen Anordnungen stellen sie zur Verfügung, um ihr spezifisches Wissen zu erzeugen? Und welche Zeitlichkeiten lassen sich in ihnen ausmachen, die sie ab 1945 von anderen Formen des Zusammenarbeitens – wie etwa historisch vorgängigen wissenschaftlichen Laboren, Lagebesprechungen und *War Rooms* – unterscheiden?

Mit derartigen Fragen rückt zugleich die Profession und das Selbstverständnis von Beratern in den Fokus, jener Personen also, die Think Tanks überhaupt als solche konstituieren. Was genau charakterisiert ihre Rolle als Agenten des Wissens (oder des Nicht-Wissens)? Wie interagieren sie im Inneren von Thinks Tanks und wie kommunizieren sie nach außen? Woraus generieren sich ihre Beratungsleistungen? Was und wie also wissen Berater? Und in welchen konkreten Ausprägungen, Operationsweisen und Spuren lassen sich Think Tanks und Beraterwissen als Signatur einer heutigen, umfassenden *Beratung der Gesellschaft* verstehen? Um ein weiteres Nachdenken über Think Tanks anzustoßen und um einige ihrer relevanten Aspekte scharfzustellen, lässt sich die hier vorgeschlagene Perspektive in fünf Thesen fassen:

Erstens: Think Tanks arbeiten in einer Zeit der ›Dauer‹. Im Unterschied zu *War Rooms* wird in Think Tanks nicht entschieden, sondern werden Entscheidungen vorbereitet oder die Folgen denkbarer Entscheidungen abgeschätzt. Think Tanks können daher als eine Art intellektuelle Spielwiese, als ein Möglichkeitsraum für die Bildung alternativer Szenarien angesehen werden. In dieser Zeitals-Aufschub ist das »Denken des Undenkbaren« (Herman Kahn) nicht nur realisierbar, sondern vielmehr gefordert.

Zweitens: Think Tanks oszillieren zwischen räumlicher Öffnung und Schließung. Sie implizieren eine örtliche Akkumulation von »Experten« und »Informationen«, durch die entscheidungsrelevantes »Wissen« generiert werden soll. Die Beschaffung und Distribution der zugrundeliegenden Informationen und Daten funktioniert jedoch nur über qualifizierte, weitgespannte personale und technische Netzwerke.

Drittens: Think Tanks stehen in einem Spannungsfeld von Freiheiten und Zwängen. In den Spielstätten von Think Tanks verwirklicht sich eine unmilitärische, ent-hierarchisierte Sozialform. Diese Mischung aus Ernsthaftigkeit und Zwanglosigkeit unterscheidet und entbindet sie ab den 1950er Jahren als Forschungseinrichtungen auch vom bürokratischen Überbau und disziplinären Grabenkämpfen klassischer Universitäten. Nicht umsonst können Thinks Tanks als Entwicklungsorte wissenschaftlicher Interdisziplinarität angesehen werden. *Innerhalb* dieser Wissens-Räume institutionalisierte sich ein wegweisendes interdisziplinäres Denken und Forschen, das jedoch oftmals bestimmten Auftraggebern oder gewissen ideologischen Rahmungen verpflichtet ist.

Viertens: Think Tanks sind institutionalisierte Aushandlungsprozesse zwischen Expertentum und Dilettantismus. Einerseits versammeln sich in ihnen Fachleute und Spezialisten verschiedenster Profession. Die Produktion neuer, unkonventioneller Lösungsansätze soll in ihnen jedoch gerade dadurch gefördert werden, dass sich diese Spezialisten auf gänzlich andere als ihre gewohnten Denkumgebungen einlassen müssen – auf Frageperspektiven mithin, in denen gerade ihr Spezialistentum in einem bestimmten Bereich sie zu ausgewiesenen Dilettanten macht.

Fünftens: Think Tanks finden Verbreitung auch im Zuge einer zunehmenden »Elitisierung«. Nicht nur im verwandten Modell allgegenwärtiger *Task forces* zur Entscheidungsfindung in Politik und Wirtschaft, sondern auch im Wettstreit um *Leuchtturmprojekte* und *Exzellenzcluster* spiegelt sich eine Entwicklung, in der sich gemäß dem Konzept von Think Tanks Gedanken der Abgrenzung und Bindung von (intellektuellen, finanziellen, technischen) Mitteln an einem bestimmten Ort und Gedanken einer Förderung von Vernetzung in Berater- und Forschergruppen überschneiden.

*　＊　＊　＊*

Ausgehend von diesen Thesen schlägt der vorliegende Band eine differenzielle Perspektivierung von Think Tanks durch exemplarische Untersuchungen vor. Im einleitenden Beitrag befragen *Thomas Brandstetter, Claus Pias* und *Sebastian Vehlken* Think Tanks zunächst auf ihre Raum-Zeit-Verhältnisse und auf ihren Status als neuartige Denkräume hin. Dabei wird eine historische Linie jener Neuordnungen des Wissen skizziert, entlang derer sich ihr Beraterwissen auszubilden beginnt. Mit der frühen RAND *Corporation* und den dort entwickelten und eingesetzten Architekturen und Arbeitsweisen wird die für die Nachkriegszeit maßgebliche Implementierung dieser theoretischen und historischen Annäherung dargestellt. Der Beitrag von *Thomas Macho* entwirft sodann eine großangelegte (und bislang ungeschriebene) Wissensgeschichte der Beratung, die den Schicksalen des konsiliatorischen Wissens nachzuspüren hätte. Diese erscheint als eine

Geschichte der Ausschlüsse, die sich erst mit unserer gegenwärtigen, »neosophistischen Lage« zu wenden scheint. Aus dieser Perspektive ergibt sich eine grundlegende Systematik verschiedener Beratungstypen (intern/extern, pragmatisch/charismatisch, öffentlich/geheim usw.), die eine neue Klassifizierung von beratenden Institutionen ermöglicht. Auch *Lea Hartungs* historische Fallstudie zur bislang kaum erforschten *Mont Pèlerin Society* ist einem epistemologischen Ansatz verpflichtet. Betrachtet man sie nicht als Organisationsform, die droht, durch das institutionengeschichtliche Raster zu fallen, sondern fokussiert auf die Techniken der Wissenserzeugung, so erscheint die MPS als Think Tank, an dem die gemeinsame Geschichte von Neoliberalismus und Möglichkeitsdenken im Kontext eines interventionistischen Wissenskonzepts exemplarisch greifbar werden kann. *Michael Thompsons* Beitrag über die Rolle des *International Institute for Applied Systems Analysis* (IIASA) während des Kalten Krieges ergänzt die historisch-systematischen Beiträge um die Erfahrungsperspektive eines langjährigen Think Tank-Mitarbeiters. Aus dieser Sicht geraten Think Tanks – wider die notorischen Vorurteile – als Orte subversiver Taktiken in den Blick, deren Funktion sich (spätestens nach dem Ende des Kalten Krieges) neu zu definieren hat.

Umseitig: Brainstorming bei RAND mit Albert Wohlstetter (Rückenansicht), Henry S. Rowen (2. v.l.) und Andrew Marshall (3. v.l.) [Foto: Leonard Mccombe für *LIFE Magazine*, 1958]

Thomas Brandstetter, Claus Pias, Sebastian Vehlken

Think-Tank-Denken
Zur Epistemologie der Beratung

»Oh, a think tank! I read about that in the paper. That's a place full of geniuses, isn't it? May I ask what you do here, Sir?«
Columbo

»The engine of the tank is a weapon just as the main-gun.«
Heinz Guderian

I.

Beraterzeit
Im Gegensatz zum Politischen, das vom Augenblick der Entscheidung lebt, von jenem Ereignis, das die Lage verändert und neu strukturiert, ist der Berater, wie Thomas Macho feststellt, ein Medium der Zeitverzögerung.[1] Er bewirkt auf zweifache Weise eine Entschleunigung und damit ein Suspendieren des Handlungsablaufs – obwohl dieser Suspens der Entscheidung freilich an einem anderen Ort als dem des Politischen stattfindet. Der Berater unterbricht nicht lediglich den Handlungsablauf, er eröffnet einen zweiten, wenn man so will: anachronistischen Raum. Erstens bewirkt er eine Entschleunigung, indem er auf die Vergangenheit zugreift. Diese ist ihm präsent als Erfahrung: »Ein alter Berater bezeugt allein durch seine Erscheinung, dass er dem Untergang

---

1   Vgl. den Beitrag von Thomas Macho in diesem Band.

bei verschiedenen Gelegenheiten trotzen konnte.«[2] Zweitens, indem er sein Wissen auf die Zukunft hin entwirft, genauer gesagt, auf mögliche zukünftige Ereignisse. Auf diese Weise strukturiert er einen Möglichkeitsraum, in dem divergente Ereignisse vorweggenommen und auf ihre möglichen Konsequenzen hin analysiert werden. An dieser Stelle kommen technische Medien ins Spiel, Medien der Darstellung von Zukunft als Raum: Tabellen optimaler Entscheidung, wie die aus der Spieltheorie, aber auch Planspiele oder Computersimulationen mit ihren Narrativen möglicher Weltverläufe.

Die Zeit des Beraters befindet sich jedoch in einem dynamischen Wechselverhältnis mit jener des Politischen: denn jedesmal, wenn Entscheidungen getroffen werden, ändert sich die Situation. Es entstehen neue Ausgangsbedingungen für den Ablauf der Ereignisse. Selten folgt das, was passiert, streng jenen Möglichkeiten, die von den Beratern verzeichnet wurden. Im selben Augenblick jedoch, in dem sich die Szenarien der Berater durch die neuen Geschehnisse als veraltet oder hinfällig erwiesen haben, entsteht eine Ungewissheit, die nun wieder das Bedürfnis nach Beratung nach sich zieht – und aus diesem Grund überleben gute Berater auch die Falsifizierung ihrer Szenarien durch die historische Wirklichkeit.

Daraus lassen sich wenigstens zwei Schlussfolgerungen ziehen: Erstens zeigt sich, dass die Zeit, die durch den Berater generiert wird, vielleicht nicht mehr ist als eine leere Zeitform: jene medientechnisch gestützte Weise, Zeitlichkeit aus einem Zusammentreffen zwischen der Positivität des Faktischen und der Kontingenz des Möglichen zu konstituieren. Aus diesem Grund sind die Inhalte, die verschiedenen Szenarien und Möglichkeiten, gar nicht

---

2   Ebd., S. 64.

so relevant; wichtig ist vielmehr die Fähigkeit, überhaupt so etwas wie Möglichkeitssinn zu stiften. Und zweitens zeigt sich, dass diese Weise der Konstitution von Zeitlichkeit abhängig ist von einer anderen Zeit, jener des Ereignisses, das letztlich unvorwegnehmbar bleibt und damit stets von Neuem das Begehren erweckt, ein Wissen von dem, was möglich ist, zu erlangen.

Denkraum
Diese Überlegungen lassen sich zu einem weiteren Aspekt führen, oder vielleicht besser gesagt: in einem zweiten Gesichtspunkt verdoppeln. Denn ebenso wie im Hinblick auf Think Tanks Zeit und Zukunft als Raum denkbar werden, können sie als *Orte des Wissens* ebenfalls nur in Abhängigkeit von einer konstitutiven und diese Räume durchdringenden Zeitlichkeit konzeptualisiert werden.

Der Begriff des ›Tank‹ assoziiert jene angesprochenen, mehrseitigen Zeitbewegungen zwischen Unterbrechungen, Parallelzeiten und Stillstellungen, die einen ganz speziellen Zugriff auf Vergangenes und Mögliches erlauben, mit einem räumlichen Konzept. Die Doppelbedeutung von »Tank« im Englischen, die eingangs mit dem Zitat von Naomi Klein bereits thematisiert wurde, kann dabei noch einmal eingehender betrachtet werden. Dabei rücken die Raumverhältnisse ins Zentrum, die militärische Tanks repräsentieren und erzeugen. »Tank« etablierte sich im Englischen seit dem Jahr 1915 als Bezeichnung für gepanzerte Kettenfahrzeuge: Mit diesen Tanks entwirft sich ein Schutzraum – ein Raum, der Zeit gewinnt, indem die Panzerung der Tanks auf den Schlachtfeldern des Ersten Weltkriegs ein Zeitfenster aufreißt, welches ein genaues Zielnehmen etwa auf feindliche Maschinengewehrnester ermöglicht. Ihr geschützter Raum erzeugt eine Latenz-Zeit, die – vorsichtig formuliert – eine nachhaltige Problemlösung ermöglicht. Zudem ist dieser Raum alles andere als transparent. Er schützt vor Blicken, vor Offensichtlichkeit, und schließt damit das Funktionieren einer Maschinerie – oder besser gesagt: das Funktionieren einer Technologie, die Menschen und Maschinen innerhalb dieses gepanzerten Behälters integriert – in ein Arkanum des Nicht-Wissens ein.

Und doch wohnt diesen Tanks von Beginn an eine bemerkenswerte Flexibilität inne. Nicht von ungefähr reichte der österreichische Ingenieur Günther Burstyn 1911 eine erste Patentidee für ein derartiges Fahrzeug als »Land-Torpedoboot« ein, gedacht zum schnellen Zuschlagen über Stacheldrahtverhaue und ausgehobene Schützengräben hinweg.[3] Ein solches Land-Torpedoboot markiert – wenn man dem Kulturwissenschaftler Bernhard Siegert folgen mag – wie seine Pendants auf dem Wasser einen glatten, einen deterritorialisierten Raum im Sinne von Gilles Deleuze und Félix Guattari: einen Raum der Gelegenheiten, der Zeitlupen und Zeitraffer. »Torpedo, Torpedoboot, die Ästhetik des Verschwindens, der deterritorialisierte, ungehegte Krieg und das Phantasma einer imperialen Überkodierung der deterritorialisierten Ströme hängen zusammen. Der Leviathan hat ausgespielt, an seine Stelle tritt der Hornissenschwarm.«[4] Der Schutzraum des Tanks ver-

---

3 Vgl. z.B. Christopher Chant: *World Encyclopedia of the Tank. An International History of the Armoured Fighting Machine*, Somerset 1994. Der Begriff »Tank« rührt dabei her von der Bestellung der ersten dieser Fahrzeugtypen, welche die britische Armee bei der *North British Locomotive Company* als »special tanks« codiert in Auftrag gab. Nigel McMillan: *Locomotive Apprentice at the North British Locomotive Company Ltd.*, Glasgow 1992. Vgl. Günther Burstyns Patentschrift Nr. 252815 des Kaiserlichen Patentamts des Deutschen Reichs vom 28. Februar 1912.

4 Bernhard Siegert: »Der Nomos des Meeres. Zur Imagination des Politischen und ihren Grenzen«, in: Daniel Gethmann; Markus Stauff (Hrsg.): *Politiken der Medien*, Zürich, Berlin 2005, S. 39–56: 54.

unsichert in seiner Eigenbewegung seine Umwelt. Er macht ein Interagieren mit dieser und eine Bezugnahme auf diese möglich, die ohne seine innere Latenzfunktion so nicht umsetzbar, denkbar und ausführbar würden. Kurzum: Seine Latenz erzeugt in hohem Maße Kontingenz.

Behalten und Verflüssigen
Folgt man der Etymologie des Wortes »Tank« historisch noch ein wenig weiter, stößt man auf seine portugiesische Herkunft, wo es als *tanque* ab ca. 1690 die Bedeutung eines »großen künstlichen Behälters für Flüssigkeiten« trägt, verwandt mit dem Wort *estancar*. Dessen wörtliche Bedeutung ist »einen Strom Wasser aufhalten«.[5] In dieser Hinsicht instantiieren Tanks als Räume eben nicht nur eine Latenz-Zeit durch Ausschlüsse, durch den Schutz vor äußeren Einflüssen, sondern auch als Räume des Einschließens und Aufbewahrens. Fluida werden gestockt, flüssige Inhalte vor dem Vergießen und Auslaufen geschützt. In doppelter Weise produzieren Tanks also Räume, die vorläufig Reservoirs von Anachronismen genannt werden können.[6]

   Diese Reservoirs sind mit den durch sie aufgespannten Latenzen alles andere als statisch: Wasser gilt bereits in der altgriechi-

---

5   Vgl. Stichwort »tank«, in: Douglas Harper: *The Online Etymology Dictionary*. 2001. URL: http://www.etymonline.com/index.php?term=tank (gesehen am 14.08.2009). Tim Müller und Martin Mulsow weisen darauf hin, dass laut *Oxford English Dictionary* im 19. Jahrhundert der Begriff »think tank« auch umgangssprachlich als Bezeichnung für das menschliche Gehirn verwendet wurde. Vgl. Tim B. Müller; Martin Mulsow: »Zum Thema«, in: *Zeitschrift für Ideengeschichte*, III/3 (2009), S. 4.
6   Zur Epistemologie und Medientheorie der Stillstellung vgl. z.B. Butis Butis (Hrsg.): *Stehende Gewässer. Medien und Zeitlichkeiten der Stagnation*, Zürich, Berlin 2007.

schen Philosophie als Medium der Vermischung, als ein Ort, in
dem Gegensätze leichter zusammenkommen, und an dem sich
die ganze Platonische ›Medienkritik‹ (als Schriftkritik) aufhängt.[7]
»Also wird«, so Platon im *Phaidros*, jemand die Erkenntnis vom
Gerechten, Schönen und Guten »nicht in Wasser schreiben und
mit schwarzer Tinte aussäen durch ein Schreibrohr mit Worten,
die unfähig sind, sich selbst argumentativ zu helfen, und unfähig
die Wahrheit hinreichend zu vermitteln.«[8] Das Wasser begegnet
uns als ein Element, das sich der gesetzmäßigen Beherrschung wi-
dersetzt. Tanks schaffen mithin einen Raum für die Aktivierung
von Medien der Vermischung. Erst dadurch, dass sie als Behäl-
ter behalten, erzeugen sie Vermischungspotentiale: Im Falle von
Think Tanks schlägt sich dies vielleicht am deutlichsten in der
angestrebten Interdisziplinarität des Denkens wieder, im ausge-
lassenen Diskutieren und in Appellen an innovative Ansätze. So
formuliert Herman Kahn 1970 vor deutschen Unternehmern:
»Ich bin nicht hier, um Sachprobleme zu erörtern, sondern um
Sie zum Denken anzuregen«.[9] In diesen Medien der Vermischung
vermengen sich Denken, Diskutieren, Schreiben und Archivieren,
diffundieren Menschen und Maschinen, mixt sich Wissen und
Nicht-Wissen mit Unsicherheiten, Kontingenzen und ständigen
Updates, ohne danach sofort wieder zu zerrinnen. Tanks spei-
chern und bewahren, und zugleich dynamisieren sie – dies wäre
wahrscheinlich jene auch im Räumlichen und Begrifflichen nach-
vollzogene Spannungsrelation, die eingangs als die ›raumgrei-
fende‹ Beraterzeit von Think Tanks angesprochen wurde. Think

---

7   Vgl. Siegert: »Der Nomos des Meeres«, a.a.O., S. 45.
8   Platon: »Phaidros«, in: ders.: *Werke*, Band III/4. Übers. von Ernst
Heitsch, Göttingen 1993, S. 63.
9   Vgl. *Der Spiegel*, 10. März 1970, S. 78f.

Tanks können somit auch als Zeit-Räume bezeichnet werden, als Räume, die von Zeitprozessen her gedacht werden und die selbst eigentümliche Zeiten und Zeitlichkeiten generieren.

Offene Türen: Ent-»Bürologisierung«
Zur Spezifik von Think Tanks als Orten gehört auch ihr beständiges Oszillieren zwischen einer räumlichen Öffnung und einer räumlichen Schließung. Diese Weise der Wissensproduktion scheint zunächst nicht besonders neuartig zu sein. Konzentrierte sich nicht bereits im Büro, jenem mit Sekretären, Schreibern und Buchhaltungstechnologien ausgestatteten Ort, seit der Frühen Neuzeit ein ganz ähnlicher, abgegrenzter und nicht ganz durchsichtiger, respektive teils schlicht nicht *sichtbarer* Raum mit einem umfassenden Regelungs- und Regierungswissen?[10] Begleiten Büros und Sekretäre mit ihren Staatsbeschreibungen und Statistiken als Institutionen der Beratung nicht je schon die Entstehung des neuzeitlichen Staates, der sich als umfangreiches Erhebungswissen konstituiert und spätestens seit dem 16. Jahrhundert beginnt, sich selbst, seine Bewohner, Territorien und Reichtümer zu organisieren? Erzeugen seine Aufschreibesysteme, seine Tabellen, Formulare und Kataloge nicht genau jene ontologische Differenz, die eine Trennung in Ist-Zustände und in Zustände vornimmt, die nur möglich, wahrscheinlich oder gar unmöglich sind? Stehen derartige Büros und ihre Bilanzen nicht bereits für die Unterhintergehbarkeit eines spezifischen Ortes, an dem Expertenwissen

---

10 Vgl. Bernhard Siegert: *Passage des Digitalen. Zeichenpraktiken neuzeitlicher Wissenschaften 1500–1900*, Berlin 2003, S. 43: »Der große Raum ist ein Phantasma der Macht. Was ihn einräumt, ist der kleine Raum, das *secretum*, die Schreibstube, das Register, das Folio, das Papierblatt, kurz, eine Mikrophysik des Papiers.«

erzeugt wird, in dem sich etwa das Wissen der Verwalter dem Nicht-Wissen der Fürsten gegenübergestellt?[11]

Eine Unterscheidung, die man zwischen solchen historisch älteren Orten des Wissens und den Think Tanks des 20. Jahrhunderts ziehen muss, ist wahrscheinlich, dass es in letzteren im Gegensatz zu den Arbeits- und Schreibweisen der Büros nicht um die Instantiierung und Anwendung von etwas geht, das man als *Algorithmus des Regierens* bezeichnen könnte: eine Vermischung von Menschen, Maschinen und Technologien, die als ein perfekt ineinandergreifendes Räderwerk die Gesamtheit des »großen Raumes« erfassbar und kalkulierbar macht. Es geht in den Think Tanks jedoch gerade nicht mehr um die Kalkulation von Ist-Soll-Zuständen und ihre Vermittlung über einen Algorithmus des Regierens, sondern um das einer kritischen Entscheidungs-Zeit enthobene und technologisch geerdete Träumen von Möglichkeiten, die *eben nicht naheliegen* müssen, sondern im Gegenteil das Undenkbare denken. Und damit steht ein neues Wissen, ein neuer Begriff der Wissensgenerierung zur Debatte.

Die räumliche Anlage des Gebäudes der RAND *Corporation* z.B. folgt – davon wird noch die Rede sein – der Idee einer Architektur offener Türen, eines Layouts vielfältiger Begegnungsmöglichkeiten (oder gar -zwänge). Diese Fluidität von Innenräumen unterstützt eine Offenheit, die sich nicht nur im Dresscode der Mitarbeiter niederschlägt, sondern auch in deren Hang zu »end-

---

11 Vgl. u.a. Michel Foucault: *Gouvernementalität I. Sicherheit, Territorium, Bevölkerung*, Frankfurt/M. 2004. Jacob Soll: »Think Tanks um 1640. Von der Akademie der Brüder Dupuy zu Colberts staatspolitischer Bibliothek«, in: *Zeitschrift für Ideengeschichte*, 3/3 (2009), S. 44–60. Wolfgang Schäffner: »Nicht-Wissen um 1800. Buchführung und Statistik«, in: Joseph Vogl (Hrsg.): *Poetologien des Wissens um 1800*, München 1999, S. 123–144.

losen« Diskussionen.[12] Eine solcherart angestrebte körperliche und mentale Flexibilität dient nicht zur Generierung eines *Verwaltungswissens* wie im *secretum* des Büros, sondern zielt auf die Entwicklung eines auf verschiedenste Mikrophysiken applizierbaren *Verhaltenswissens* oder Möglichkeitswissens. Think Tanks ent-»bürologisieren«.[13] Sie sind Orte des Wissens in erster Linie als *Kommunikationsumgebung*, nicht als Kalkulationsumgebung. Ihre Methoden und technischen Medien sind dabei ebenfalls neuartig und experimentell: Spieltheorie, Operations Research und Systems Analysis werden kombiniert mit Kreativitätstechniken wie Brainstorming, Rollenspiel und Gedankenexperiment und appliziert mittels Szenario-Building, Folienprojektionen und (Computer-)Simulationsverfahren. Bei RAND etwa arbeitete man in lässiger Atmosphäre und mit Mut zum Experiment mit Methoden und Medien an der Beschreibung offener und dynamisierter Prozesse, die Vergangenheiten und Zukünfte technisch verschalten.

Think Tanks unterscheiden sich dabei z.B. von den *War Rooms* der Britischen Navy im Zweiten Weltkrieg und ihren Methoden zur strategischen und taktischen Planung etwa des Anti-U-Boot-Kriegs, und ebenso von verschiedenen Kontrollzentralen und Einsatzleitstellen etwa im Katastrophenschutz, die sich immer wieder ähnlicher Methoden und Medien bedient haben und bedienen. Anders als dort wird in Think Tanks *eben nicht entschieden*. Vielmehr werden Entscheidungen vorbereitet und die Folgen denkbarer Entscheidungen abgeschätzt. Die örtliche Ak-

---

12 Vgl. *Der Spiegel*, 3. April 1967, S. 123–140.
13 Der Begriff »bürologisch« verdankt sich Bernhard Siegert: »Perpetual Doomsday«, in: Ders.; Joseph Vogl (Hrsg.): *Europa. Kultur der Sekretäre*, Zürich, Berlin 2003, S. 63–78: 69.

kumulation von Experten in Think Tanks entbehrt somit von vornherein jenes Drucks zeitkritischer Entscheidungen und unterscheidet sie hierin von den genannten Räumen der Macht. In einer wahrscheinlich sehr euphemistischen Lesart erscheinen sie als *Freiheitsräume*, als Räume nicht des Pragmatischen, sondern des Unkonventionellen – sie operieren als externes Vorschlagswesen an der Abwendung zeitweiliger *Ohnmächte* in den Räumen der Macht. In ihren Spielzimmern, in denen etwa über *postnuclear strategy* diskutiert wird, verwirklicht sich nicht nur eine unmilitärische, enthierarchisierte Sozialform. Vielmehr entwickeln und propagieren Think Tanks und ihre technischen und menschlichen Medien der Vermischung wissenschaftliche Interdisziplinarität. Und gleichzeitig sind es vielleicht gerade auch jene Unsicherheiten der Vermischung, sind es jene Angst vor dem Wasser und jene alten Vorbehalte gegenüber dem fluiden Arkanum des Tanks, die im Rahmen eines politisch Unheimlichen als nicht fassbar und – immer wieder auch an den Grenzen dessen, was politisch und moralisch als undenkbar erscheint – unmenschlich anmuten.

II.

Alte Regime
Wenn Think Tanks Institutionen sind, die »die Materialität des Denkens vor Augen treten«[14] lassen, dann lässt sich ihre Geschichte tatsächlich weit vor die Erfindung des Begriffs selbst zurückverfolgen. Man könnte sie etwa mit der Neuordnung des Wissens zu Beginn der frühen Neuzeit einsetzen lassen, als die ersten Aka-

---

14 Müller; Mulsow: »Zum Thema«, a.a.O., S. 4.

demiegründungen eine Abkehr von humanistischen Praktiken des Wissenserwerbs und eine Hinwendung zur experimentellen Methode betrieben: So beschrieb bereits Francis Bacon in seiner Staatsutopie *Neu-Atlantis* einen Ort des kollektiven Experimentierens, dessen Ergebnisse dem Staat zugute kommen sollten. Und in Frankreich waren die Mitglieder der 1666 gegründeten *Académie des Sciences* insofern Regierungsberater, als sie verpflichtet waren, im Dienste der königlichen Verwaltung Gutachten über technische Innovationen anzufertigen.[15]

Überzeugender ist jedoch der Vorschlag von Jacob Soll, die Genese beratender Institutionen gerade in einer Kontinuität von humanistischen Techniken der Textprozessierung zu sehen. Soll hat dafür plädiert, die in den 1580er Jahren gegründete *Académie putéane* der Brüder Dupuy als »einen der Gründungsmomente für wissenschaftliche und politische Institutionen im Think Tank-Stil in Frankreich« zu verstehen.[16] Zwar war diese Akademie eine private Einrichtung, entstanden aus den regelmäßigen Treffen einer Gruppe von Juristen und Parlamentariern, die politische und religiöse Fragen diskutierten. Ihr Einfluss nahm jedoch rasch zu, und bald wandten sich die Kirche, die französischen Parlamente (Gerichtshöfe, die vom König erlassene Gesetze korrigieren konnten)

---

15 Roger Hahn: *The Anatomy of a Scientific Institution. The Paris Academy of Sciences, 1666–1803*, Berkeley, Los Angeles, London 1971, S. 66–71. In seiner Schrift *Neu-Atlantis* beschrieb Francis Bacon das ›Haus Salomons‹, das utopische Vorbild vieler Wissenschaftsakademien des 17. Jahrhunderts, als Think Tank, in dem systematisch technische Innovationen entwickelt werden. Vgl. Francis Bacon: »The New Atlantis«, in: Brian Vickers (Hrsg.): *A Critical Edition of the Major Works*, Oxford 1996, S. 457–489; Roger Hahn: *The Anatomy of a Scientific Institution. The Paris Academy of Sciences, 1666–1803*, Berkeley, Los Angeles, London 1971, S. 66–71.
16 Soll: »Think Tanks um 1640«, a.a.O., S. 44–60: 46.

sowie die Krone selbst an die gelehrten Experten, um vor allem in juristischen Dingen fundierten Rat zu erhalten. Ihre Blütezeit hatte die *Académie putéane* in der ersten Hälfte des 17. Jahrhunderts. Danach wurde sie unter dem Einfluss von Colberts absolutistischer Kulturpolitik an den Rand gedrängt, da sich die Regierung Ludwigs XIV. lieber auf interne Fachleute verließ.

Im Gegensatz zu den Stätten der neuen Experimentalphilosophie war diese Akademie eine Institution, die in der Tradition der frühneuzeitlichen Praktiken der Textverarbeitung stand. Das Auffinden von Dokumenten im Archiv, ihr Vergleich und ihre kritische Interpretation standen im Zentrum der Tätigkeiten. Das war vor allem in jenem »historischen Propagandakrieg« wichtig, in dem die Vertreter des Gallikanismus, die die Vorrechte des französischen Königs gegenüber dem Papst behaupteten, den Juristen der Kirche gegenüberstanden.[17] Dieser Kampf ging primär schriftlich vonstatten. Wenn von einer Partei Dokumente vorgebracht wurden, war die andere sogleich mit Gegendokumenten zur Stelle, welche die Argumentation der anderen Seite widerlegten. Die Experten benötigten zu diesem Zweck vor allem Fertigkeiten in Archivkunde und Textkritik sowie in der Rechtslehre; ihre Beratungstätigkeit betraf primär den Bereich des Rechts sowie teilweise den der Diplomatie. Sie bewegten sich damit gänzlich innerhalb des Rahmens einer monarchischen Staatsverfassung und einer statischen Gesellschaftsordnung, in der der Bezug auf jahrhundertealte Rechtsdokumente sinnvoll und legitim war, insofern man eine unverbrüchliche Kontinuität mit den vergangenen Epochen behaupten konnte. Es galt die Formel *Historia magistra*

---

17 Ebd., S. 52.

vitae: Die Geschichte war Bezugspunkt und Handlungsanleitung der Politik.[18]

Neuordnungen

Das sollte sich gegen Ende des 18. Jahrhunderts mit der Amerikanischen und dann vor allem mit der Französischen Revolution ändern. »Seit die Vergangenheit aufgehört hat, ihr Licht auf die Zukunft zu werfen, irrt der menschliche Geist in der Finsternis«, schrieb Alexis de Tocqueville und bezeichnete damit genau jenen Moment, an dem die Gegenwart nicht mehr auf die historische Erfahrung abbildbar war.[19] Die Zukunft war durch den Einbruch ungeahnter und – vor dem Horizont des vertrauten geschichtlichen Verlaufs – unwahrscheinlicher Begebenheiten problematisch geworden. Man musste also neue Leitfäden finden, anhand derer man das Potenzial kontingenter Ereignisse bewältigen, bändigen und bewirtschaften konnte. Diese ließen sich nicht mehr im Archiv der Vergangenheit finden, sondern im Bereich der menschlichen Natur selbst: Gegenstand regierungstechnischen Wissens wurden nun die Human- und Sozialwissenschaften.

Auf welche Weise ein solcher Umbruch die Gestalt beratender Institutionen beeinflusste, ist in Frankreich besonders deutlich an der Gründung des *Institut national* im Fructidor des Jahres 3 (August 1795) ablesbar. Der Öffentlichkeit wurde dieser Akt als Rückkehr zur Normalität und als Anschluss an eine glorreiche, durch die jakobinischen Exzesse unterbrochene Tradition französischer

---

18 Vgl. dazu Reinhart Koselleck: »Historia Magistra Vitae: Über die Auflösung des Topos im Horizont neuzeitlich bewegter Geschichte«, in: ders.: *Vergangene Zukunft: Zur Semantik geschichtlicher Zeiten*. Frankfurt/M. 1989, S. 38–66.
19 Ebd., S. 47.

Gelehrsamkeit präsentiert.[20] Das *Institut national* unterschied sich aber in mehreren Punkten von der alten *Académie des Sciences*, die sich bis zum Jahre 1793 als ›Konservatorium‹ nicht nur des Wissens, sondern von Wissenschaftlichkeit selbst verstand.[21]

Erstens war es als kollektive Körperschaft in die Verfassung des Jahres 3 eingeschrieben und damit keine partikulare, von der Willkür eines Monarchen abhängige Instanz, sondern legitimer Repräsentant der nationalen Gemeinschaft der Gelehrten.[22] Zweitens bestand es aus drei Klassen und erfüllte damit ein enzyklopädisches Ideal: Die erste umfasste die physikalischen und mathematischen Wissenschaften, die zweite die moralischen und politischen Wissenschaften und die dritte Literatur und schöne Künste. Das wirklich Neue daran war weniger die Vereinigung der Zuständigkeitsbereiche der ehemaligen Akademie der Wissenschaften mit dem der ehemaligen *Académie française*, sondern die Eingliederung der Sozialwissenschaften, die nun als für den Staat nützliche Wissenschaften anerkannt wurden. Drittens war es die besondere Bedeutung, die dem praktischen Nutzen des Wissens zugeschrieben wurde, durch die sich das *Institut* von der alten Akademie unterschied.Weit intensiver als seine Vorgängerinstitution übernahm das *Institut national* Gutachterfunktionen für die Regierung. In künstlerischen wie in technologischen Angelegenheiten wurden Mitglieder der verschiedenen Klassen immer wieder um Urteile gebeten. Zwar waren die Gelehrten durch die Schaffung

---

20 Hahn: *The Anatomy of a Scientific Institution*, a.a.O., S. 288. Vgl. dazu auch Martin S. Staum: *Minerva's Message. Stabilizing the French Revolution*, Montreal u.a. 1996.

21 Vgl. Eric Brian: *Staatsvermessungen. Condorcet, Laplace, Turgot und das Denken der Verwaltung*, Wien 2001, S. 187.

22 Charles C. Gillispie: *Science and polity in France: the revolutionary and Napoleonic years*, Princeton, Oxford 2004, S. 447.

des Patentrechts von der mühsamen Aufgabe entbunden, sämtliche neuen Erfindungen beurteilen zu müssen. Dafür wurden sie für technische Gutachten bei Regierungsprojekten herangezogen, und das Innenministerium schickte immer wieder Anfragen zur Bewertung von Maschinen oder Verfahren. Hier machte sich eine neue technokratische Tendenz im Verhältnis von Wissenschaftlern und Staatsmacht bemerkbar. Der Staat wollte seine Entscheidungen weniger auf politische Erwägungen als auf die Objektivität des Wissens seiner Spezialisten stützen. Jene wiederum vertrauten auf standardisierte Verfahren der Problemlösung. Das *Institut national* verstand sich als nationale Denkfabrik, deren Zuständigkeitsbereich die technisch-operative Verwaltung war. Sein Wissen erhob den Anspruch, der Steuerung sozialer, ökonomischer und technischer Prozesse zu dienen und damit die Herstellung einer stabilen Ordnung zu ermöglichen. In den Worten von Cabanis war es »der Telegraph der Wissenschaft und der Vernunft, dessen Signale in jedem Augenblick in alle Punkte der Republik nachgemacht werden müssen«.[23]

Der Gegenstandsbereich des *Institut national* waren nicht mehr die juristischen Archivalien und Textquellen, auf die sich die Experten der *Académie putéane* stützten. Vielmehr bearbeiteten sie jenes weite Feld, das von nun an ›das Soziale‹ genannt werden sollte und den Bereich einer Regierungstechnik bildete, die sich nicht länger auf rechtlich verfasste Institutionen, sondern auf die – durch die Sozialwissenschaften aufzufindenden – Gesetzmäßigkeiten im Verhalten der Menschen gründen wollte. Dieses

---

23 Pierre Jean Georges Cabanis: »Considérations générales sur l'étude de l'homme, et sur les rapports de son organisation physique avec ses facultés intellectuelles et morales«, in: *Mémoires de l'Institut National des Sciences et Arts. Sciences morales et politiques,* 1 (1796), S. 37–97: 96.

Vertrauen in die Wissenschaften vom Menschen sollte die Entstehung von Think Tanks im 19. Jahrhundert entscheidend prägen.

Suche nach einem Ort

So wichtig die Vorreiterrolle Frankreichs bei der Herausbildung eines spezifischen Nexus von Expertenwissen und Regierungstätigkeit war, liegt der eigentliche Ursprung jener nicht-staatlichen Beratungsinstitutionen, wie wir sie heute noch kennen, in den USA. Auch hier waren es immer wieder Übergangszeiten und Krisen, die die Gründung von Think Tanks angestoßen haben: der Erste Weltkrieg, der Zweite Weltkrieg, die sozialen Unruhen der 1960er und der neokonservative Backlash seit Mitte der 1970er Jahre.[24] Die Genealogie der amerikanischen Think Tanks lässt sich jedoch bis ins 19. Jahrhundert zurückverfolgen, in die Epoche der Industrialisierung zwischen dem Bürgerkrieg und dem Ersten Weltkrieg, als die raschen Veränderungen in der sozialen Ordnung zu einer ›Krise der Ideologie‹ führten.[25] Wie im nachrevolutionären Frankreich, so erhoben auch hier die Sozialwissenschaften den Anspruch, ein Wissen bereitzustellen, mit dem die Krisen bewältigbar wären.

Als Urszene der Erfindung des US-amerikanischen Think Tanks gilt die Gründung der *American Social Science Association* (ASSA) 1865, kurz nach dem Ende des Bürgerkriegs. Dem Modell der *British Association for the Promotion of Social Science* folgend, fanden sich in Boston etwa hundert Abolitionisten, Ärzte und Gesund-

---

24 James G. McGann: »Academics to Ideologues: A Brief History of the Public Policy Research Industry«, in: *PS: Political Science and Politics*, 25 (1992), S. 733–740.
25 Edward T. Silva; Sheila Slaughter: »Prometheus Bound: The Limits of Social Science Professionalization in the Progressive Period«, in: *Theory and Society*, 9 (1980), S. 781–819: 781.

heitsreformer, Wohltätigkeitsaktivisten, Feministen, Erzieher und Schriftsteller zusammen, um die Anwendung wissenschaftlicher Methoden auf die sozialen Probleme der Zeit zu propagieren.[26] Mit Sozialwissenschaft war hier vor allem die politische Ökonomie britischen Vorbilds gemeint, und soziale Probleme wurden als moralische Probleme definiert, die auf der Ebene individueller Aufklärung und Erziehung zu lösen waren.[27] Die Mitglieder der ASSA waren keine professionellen Wissenschaftler. Sie stammten vor allem aus den Kreisen wohlhabender Kaufleute und Industrieller der New England-Staaten, und fast niemand von ihnen hatte eine akademische Laufbahn hinter sich. Ihre Tätigkeiten waren vielfältig: Sie veröffentlichten das *Journal of Social Science*, organisierten oder finanzierten Gesundheitsfürsorgegesellschaften sowie statistische Erhebungen und traten vor legislativen Kommitees und Bürgerversammlungen auf, um ihre Lösungsvorschläge sozialer Probleme vorzubringen.[28] Ihr nachhaltigster Einfluss lag jedoch weniger in den konkreten Projekten, die sie durchführten, als darin, die Öffentlichkeit von der Relevanz des Experten und von der Unabkömmlichkeit von Menschen mit »wohlbegründeten Meinungen« zu überzeugen.[29]

---

26 James A. Smith: »Think tanks and the politics of ideas«, in: David C. Colander; A. W. Coats (Hrsg.): *The spread of economic ideas*, Cambridge 1989, S. 175–194: 184.
27 Peter T. Manicas: »The Social Science Disciplines: The American Model«, in: Peter Wagner; Bjorn Wittrock; Richard Whitely (Hrsg.): *Discourses on Society: The Shaping of the Social Science Disciplines*, Dordrecht 1991, S. 45–71: 52.
28 Silva; Slaughter: »Prometheus Bound«, a.a.O., S. 783; Manicas: »The Social Science Disciplines«, a.a.O., S. 53.
29 »Sound opinions«, zit. nach Manicas: »The Social Science Disciplines«, a.a.O., S. 53.

Während die ASSA ein lokal verankerter, loser Zusammen-
schluss blieb, der eher über persönliche Netzwerke operierte, be-
reitete die 1885 gegründete *American Economic Association* (AEA)
die Professionalisierung des sozialwissenschaftlichen Beraters vor.
Ihr gehörten vor allem junge Akademiker an, die in Deutschland
studiert und sich dort mit den Methoden der deutschen Historischen Schule vertraut gemacht hatten. Die auf Deduktion und
Spekulation basierenden Theorien der britischen politischen Ökonomie sollten durch ein Wissen ersetzt werden, das auf detaillier-
ten empirischen Untersuchungen basierte.[30] Dazu aber benötigten
sie Datenmaterial, das nur in enger Zusammenarbeit mit den Be-
hörden – etwa dem statistischen Bundesamt – zu bekommen war.
Das bewirkte eine Nähe zur Regierung, die die Unabhängigkeit
der sich nun als professionelle Sozialwissenschaftler verstehenden
Mitglieder der AEA zunehmend gefährdete.

Während die ASSA im »Wechselspiel zwischen interner und
externer Positionierung des Ratgebers«[31] im Laufe der Zeit immer
weiter nach außen driftete und ihre Opposition gegen Imperia-
lismus und den Spanisch-Amerikanschen Krieg mit einer Margi-
nalisierung bezahlte, begriff die AEA diesen Krieg als Chance. Im
August 1900 veröffentlichte sie eine umfangreiche Abhandlung
über finanzpolitische Modelle in den britischen, dänischen, hol-
ländischen, deutschen, italienischen und spanischen Kolonien
sowie Empfehlungen, wie die amerikanische Regierung ihre neu
zu gewinnenden Kolonien am besten verwalten könne.[32] Dieser
Bericht beinhaltete gleichzeitig eine Neudefinition der Rolle der
professionellen Sozialwissenschaftler im entstehenden amerikani-

30 Silva; Slaughter: »Prometheus Bound«, a.a.O., S. 783.
31 Vgl. den Beitrag von Thomas Macho in diesem Band.
32 Silva; Slaughter: »Prometheus Bound«, a.a.O., S. 792.

schen Kolonialreich: Er betonte nachdrücklich die Unabkömmlichkeit gut ausgebildeter Experten für die Regierung von Kolonien und identifizierte eine Anzahl von Positionen, die am besten
von Mitgliedern der AEA ausgefüllt werden sollten. Die Wissenschaftler der AEA wurden zu »Dienern der Macht«.[33]

Von staatlicher Seite wurden solche Begehrlichkeiten durchaus ambivalent gesehen, und 1911 formulierte Woodrow Wilson,
damals Gouverneur von New Jersey, eine klare Arbeitsteilung
zwischen Sozialwissenschaftlern und Politikern: »Es gibt eine
Staatskunst des Denkens und eine Staatskunst des Handelns.«[34]
Der Sozialwissenschaftler sei derjenige, der Fakten sammle und
verstehe, während der Politiker auf ihrer Basis handle. Wilson
trennte damit klar die Rolle des Beraters von jener des Entschei-
dungsträgers.

Damit waren Position und Funktion des Thinks Tanks definiert.
In der Folge wurden, ausgehend von der AEA und manchmal
unter Beteiligung ihrer Mitglieder, weitere solcher Institutionen
gegründet: Auf die bereits 1910 gegründete *Carnegie Endowment
for International Peace* folgte etwa 1916 die *Brookings Institution*,
die bis zur Mitte des 20. Jahrhunderts das Vorbild aller Think
Tanks bleiben sollte.[35] Allen gemeinsam war das Vertrauen in
sozialwissenschaftliche Methoden, von denen man glaubte, dass
sie die sozialen Probleme lösen und die Effizienz von Regierung
verbessern könnten. Ziel war es, das Wissen und die Expertise
professioneller, akademisch ausgebildeter Wissenschaftler auf die
öffentliche Verwaltung anzuwenden. Dieses akademische Modell

---

33 Ebd., S. 793 und S. 802.
34 Zit. nach ebd., S. 804.
35 McGann: »Academics to Ideologues«, a.a.O., S. 734.

sollte erst 1946 mit der Gründung der RAND *Corporation* verlassen werden.

III.

Am Ende der Strategie

James Allen Smith hat einmal bemerkt, dass die Begriffe »RAND« und »Think Tank« lange Zeit synonym gewesen seien: »RAND became the prototype for a method of organizing and financing research, development, and technical evaluation that would be done at the behest of government agencies, but carried out by privately run nonprofit research centers.«[36] In diesem Sinne mag es hilfreich sein, einige der modellhaften Züge der RAND *Corporation* für die Think Tanks nach 1945 zu charakterisieren und historisch zu lokalisieren.

Gegründet 1946 als Project RAND von der US Air Force und der *Douglas Aircraft Company* und eigenständige non-profit-Organisation seit 1948, entwickelte sich RAND in kürzester Zeit zu jenem Ort, an dem das gerade angebrochene »Atomzeitalter« (insbesondere in militärstrategischer Hinsicht) global gedacht wurde. Als Think Tank antwortete RAND damit auf eine durch moderne Technik herbeigeführte Undenkbarkeit, eine ebenso überraschende wie tiefgreifende Rat- und Orientierungslosigkeit. Es waren Kernwaffen, von denen der RAND-Mitarbeiter Bernard Brodie 1946 erstmals konstatierte, dass sie als »absolute Waffen« – trotz oder gerade wegen Hiroshima und Nagasaki – nicht mehr dem Gewinnen von Kriegen, sondern deren Verhinderung

---

36 James Allen Smith: *The Idea Brokers: Think Tanks and the Rise of the New Policy Elite*, New York, 1991, S. xiv.

dienten und damit die Weltordnung grundlegend veränderten.[37] Der Philosoph Günther Anders nahm diese Beobachtung ein Jahrzehnt später auf und wendete sie geschichtsphilosophisch auf das Selbstverständnis des Menschen: Einerseits brechen nukleare Waffen die Zweck-Mittel-Relation, weil ihr bloßes Dasein, ihr Nicht-Einsetzen, bereits ihr Einsatz ist, und andererseits sei die Menschheit unfähig, sich von dieser selbstgemachten Möglichkeit der Selbstauslöschung ein Bild zu machen.[38] Diese Krise des »Weltbilds« eröffnet (nicht in philosophischer, wohl aber in strategischer Hinsicht) genau jene Leerstelle, auf die RAND sich als Think Tank gründet und – oft genug provozierende – Denkmöglichkeiten offeriert. »Mit der Entwicklung der Atombombe«, erinnert sich der ehemalige Teilchenphysiker und Los Alamos-Mitarbeiter Herman Kahn, »dachten viele Wissenschaftler, Mitarbeiter des Militärs und informierte Laien, dass sich das hergebrachten Verständnis von Strategie und Taktik erledigt habe. [...] Strategie war [...] bedeutungslos, da es nicht das Ziel einer Strategie sein konnte, die Zerstörung der gesamten Nation herbeizuführen. Der Atomkrieg wurde undenkbar, sowohl im wörtlichen als auch im übertragenen Sinn. Und tatsächlich waren die meisten Strategen und Techniker derart beeindruckt von der Existenz dieser neuen Waffe, dass sie fast mit dem Denken aufgehört hätten.«[39] Es ist diese abrupte Denkstille, in die RAND interveniert und die sie

---

37 Bernard Brodie (Hrsg.): *The Absolute Weapon: Atomic Power and World Order*, New York 1946.

38 Günther Anders: *Die Antiquiertheit des Menschen*, Bd. 1: *Über die Seele im Zeitalter der zweiten industriellen Revolution*, München 1956; vgl. auch Karl Jaspers: *Die Atombombe und die Zukunft des Menschen*, München 1958.

39 Herman Kahn: *Thinking About the Unthinkable*, New York 1962, S. 197f. (Übersetzung: Claus Pias)

zwei Jahrzehnte lang nahezu monopolistisch mit dem Nachdenken der Durchführbarkeit eines Atomkrieges durchbricht.[40]

Institutionell ist dies mit einer Umschichtung von Kompetenz verbunden, die durch die Entstehung einer Zone notwendig geworden ist, in der niemand kompetent sein *kann*. Es ist gewissermaßen ein epistemischer Unterdruck, der verschiedenste Kompetenzen ansaugt und neue Zuständigkeiten erst generiert. Denn sowohl theoretische Quellen (wie das jahrhundertealte Corpus militärischer Literatur, die sich immer nur mit dem erfolgreichen *Führen* von Kriegen beschäftigt hatte) als auch praktische Quellen (wie die Erfahrung erprobter militärischer Führungskräfte, die bis dato als Berater fungierten) schienen zu versiegen. Wissen über den Atomkrieg zu generieren konnte daher zur Angelegenheit eines neuen Typus von »civilian defense intellectual« oder »civilian strategist«[41] werden, dessen Personal sich aus jungen, akademisch gebildeten Männern zusammensetzte, die dazu kaum

---

40 Der bedeutendste Theoretiker ist sicherlich Albert Wohlstetter, der erstmals die Möglichkeit eines Zweitschlags diskutierte und von der Forschung dementsprechend oft ins Zentrum gerückt wurde: vgl. Gregg Herken: *Counsels of War,* New York 1985; Marc Trachtenberg: »Strategic Thought in America, 1952–1966«, in: ders.: *Writings on Strategy, 1961–1964, and Retrospectives*, New York 1988, S. 443–484; Alex Abella: *Soldiers of Reason. The* RAND *Corporation and the Rise of the American Empire*, Orlando 2008. Nahezu einhellig herrscht die Ansicht, dass die ersten 20 Jahre das »goldene Zeitalter« von RAND bildeten. Dies deckt sich mit der Einschätzung Thomas Schellings, dass »it took the United States at least two decades to learn how to think about nuclear weapons policy after 1945.« (Thomas C. Schelling: *Global Warming: Intellectual History and Strategic Choices*, Fourth Annual Hans Landsberg Memorial Lecture, Washington, DC, 6. Dezember 2006).
41 Barry Bruce-Biggs: *Supergenius. The Mega-Worlds of Herman Kahn*, New York 2000, S. 71.

oder gar keine Kriegserfahrung besitzen mussten und offen aus
verschiedensten Disziplinen rekrutiert werden konnten. Dieser
Umstand erklärt die Interdisziplinarität und Offenheit, die oft
an RAND gerühmt wurde und seitdem als Charakteristikum von
Think Tanks gilt: »Nobody decided what anybody was doing«
(Sidney Winter), »I had the feeling that these are persons with
imagination« (Hans Speier), oder: »ideas were floating […] in the
atmosphere« (Bruno Augenstein).[42] Sie verband sich mit einer
besonderen akademischen Lebensform, zu der offene Bürotüren,
avantgardistische Kunst, Meetings auf dem Fußboden, Nachdenken im Swimmingpool, stillschweigend tolerierte Homosexualität,
exzentrische Hobbys oder selbst eine trotzkistische Vergangenheit
gehörten.

Neben diesen personellen Aspekt tritt ein methodischer: Mit
welchen Werkzeugen nähert man sich einem Gegenstand, über
den noch nie nachgedacht werden konnte, der aber letztlich »die
Welt« betrifft? Diese Unbestimmtheit erklärt das rege Experimentieren mit Ansätzen aus Psychologie und Sozialwissenschaften,
mit *Systems Analysis*, Kriegs- und Rollenspielen, Szenarien, Brie-
fings, mathematischer Spieltheorie oder Computersimulationen,
das bei RAND zu beobachten ist und das Albert Wohlstetter als
»pan-heuristisch« charakterisierte.[43] Es ist eine (zuweilen gemeinsame, zuweilen konkurrierende) Suche nach strukturierten Denkmöglichkeiten unter der erstaunlichen Prämisse, dass Beratungskompetenz aus der Koordination grundsätzlicher Inkompetenz

42 Vgl. auch David Hounshell: *The Cold War, RAND, and the Generation
of Knowledge*, Santa Monica 1988 (RAND RP-729); Sharon Ghamari-Tab-
rizi: *The Worlds of Herman Kahn*, Cambridge, Mass. 2005, S. 46–60: 54.
43 Henry S. Rowen: »How we worked«, in: *Nuclear Heuristics. Selected
Writings of Albert and Roberta Wohlstetter*, hrsg. von Robert Zarate und
Henry Sokolski, Carlisle 2009, S. 99.

erwachsen kann – bzw. aus der Koordination von andersartigen Kompetenzen, deren Mischung und Relevanz es erst im Austausch herauszufinden gilt.[44]

Zuletzt ist festzuhalten, dass sich bei RAND ein Denkstil der Virtualität herausbilden konnte, der charakteristisch für den allgemein hypothetischen Gestus von Beratung ist. Der einfache Grund dafür ist, dass alles Nachdenken über den Atomkrieg unter der Bedingung stattfindet, dass dieser nicht stattfindet. Es geht gewissermaßen um die Kultivierung eines Möglichkeitssinns im Tiefkühlzustand der Geschichte. Die Herrschaft »rationaler«, quantitativer Methoden, die Alex Abella als Charakteristikum von RAND beschrieben hat, muss daher vielmehr als poetologische Maßnahme betrachtet werden. Tabellen, »Fakten«, Todesziffern, Diagramme und ein gewisser Jargon der Exaktheit und Technizität dienen dazu, Realitätseffekte zu erzeugen und einen Gegenstand plastisch greifbar zu machen, der so unvorstellbar scheint wie die eigene Nicht-Existenz. Angesichts einer »Wissenschaft«, deren Ergebnisse sich gerade nicht überprüfen lassen *können*, weil sie sich nicht überprüfen lassen *dürfen*, unterlaufen die Arbeiten bei RAND die notorischen Grenzen von »Science« und »Fiction«.

Es scheint daher lohnend, im Folgenden einige Details der konkreten Arbeitsorganisation bei RAND (Architektur, Kleingruppen, Rollenspiele und Szenarien) näher in den Blick zu nehmen.

Leisure Suit Thinking
Dass auch die Architektur an unseren Gedanken mitarbeitet, scheint bei Think Tanks in besonderem Maße offensichtlich. Zeit-

---

44 Richard Specht kolportiert, dass man deshalb anfangs nicht einmal wusste, welche Fachliteratur man anschaffen solle (»RAND – A Personal View of its History«, in: *Operations Research*, 8/6 (1960), S. 825–839).

genössische Berichte aus den ersten beiden »goldenen« Jahrzehnten der RAND *Corporation* werden nicht müde, deren einzigartige Arbeitsatmosphäre zu dokumentieren. So schrieb der *Spiegel* im Jahr 1967: »die Mädchen gehen in Pullover und Strandsandalen, die Männer in kurzärmligen Hemden oder in Jacketts, bei denen die Ellenbogen mit Lederherzen geflickt sind. Die großen schwarzen Wandtafeln sind voll von urtümlichen Krakeln; man sieht, dass hier jemand nachgedacht hat. Aber die meiste Zeit scheinen die Leute miteinander zu reden, endlos.«[45] Deutlich suggestiver fällt der Bilderbogen des Denkens aus, den eine Fotoreportage des *Life Magazine* von 1958 entfaltet.[46] Gezeigt wird etwa Albert Wohlstetter im offenen, kurzärmligen Sporthemd, in einen weichen Ledersessel zurückgelehnt, die Beine mit einer Eleganz auf den Schreibtisch ausstreckend, wie es wohl nur ein ausgebildeter Tänzer kann, den leicht angehobenen Kopf auf Daumen und Zeigefinger stützend, und den konzentrierten Blick auf etwas an der gegenüberliegenden Wand gerichtet, das dem Betrachter verborgen bleibt. Eine andere Aufnahme, die den Eindruck eines verstohlenen Blicks durch eine Bürotür suggeriert, zeigt den Mathematiker Stuart Dreyfus, wie er sich von seinem mit Papieren überladenen Schreibtisch mit offenen Schubladen abwendet, beide Beine seitlich über die Stuhllehne hängend, die Hände vor dem Mund verknotet und auf die Fußleiste starrend. Eine dritte zeigt, durch eine spiegelnde Schreibtischoberfläche distanziert, die Seitenansicht des stehenden, massigen Körpers von Herman Kahn in

---

45 »Strategie/Kahn: Duell im Dunkel«, in: *Der Spiegel*, 3. April 1967, S. 123–140.
46 »Valuable Batch of Brains. A odd little company called RAND plays a big role in US defense«, in: *LIFE Magazine*, 11. Mai 1958. Die Fotos finden sich unter: http://images.google.com/images?hl=de&q=Rand+corporation +1958+source:life&sa=N&start=36&ndsp=18

chiaroscuro-Technik, wie er, einen Stift als Attribut in der Hand, den Kopf hebt und – wie in einer Verkündigungsszene – in die Richtung des seitlich von oben einfallenden Lichts blickt. Inszeniert wird hier eine Ikonographie der Versunkenheit, eine Fiktion der Nichtexistenz jenes Betrachters, der nur ein kleines Geräusch machen müsste, um sofort eine irreparable Konzentrationsstörung auszulösen. Zu diesen fensterlosen Bildern des einsamen Denkens gesellen sich mindestens zwei weitere Genres. Einerseits das Studium von und am Material: so sieht man etwa einen jungen Mathematiker, durch kurze Hosen und Pfeife als »whiz kid« ausgewiesen, wie er mit Kreide auf einer Tafel Projektmanagement betreibt; man sieht Nancy Nimitz, die Tochter des Flottenadmirals Chester W. Nimitz, bei der Lektüre der *Prawda*, vor halb geöffneten Fenstern, durch die die Außenwelt sichtbar ist; oder man sieht Herman ›Al‹ Lang, lässig eine Zigarette im Mundwinkel, wie er am nahegelegenen Pazifikstrand das Modell einer kreiselförmigen Sonde ausprobiert, die sich in die Mondoberfläche bohren könnte. Andererseits werden Paare und Gruppen von Leuten redend, gemeinsam arbeitend oder spielend vorgeführt: etwa zwei Physiker in karierten Hemden, Milchtüte und Zigarette in der Hand, vor einer Tafel mit Formeln und Skizzen diskutierend; oder William Kellogg bei einem Briefing, mit Zeigestock an einer großen Strömungs-Karte die Verbreitung von radioaktivem Fallout nach einem Atombombenangriff auf die USA erklärend; oder eine Gruppe von Männern und Frauen bei einem von Alain Enthoven geleiteten Kriegsspiel mit verteilten Rollen an zusammengerückten Schreibtischen voller Tabellen, umzingelt von vollgeschriebenen Tafeln und *scorekeepers* im Hintergrund.

Obgleich in allen diesen Bildern das Interieur von Tafeln, Schreibtischen und Regalen eine gewisse charakterisierende Rolle spielt, werden hauptsächlich Individuen – als Versonnene, Studierende oder Kommunizierende – ins Zentrum der Aufmerksamkeit gerückt. Es ist der »denkende Mensch«, der hier in sämtlichen Facetten dargestellt werden soll. Merkwürdig unsichtbar hingegen bleibt die Architektur, die diese Gesten erst einräumt und eine heterogene Infrastruktur von Rückzugsräumen, halboffenen und Gemeinschaftsräumen bereitstellt. Wie aber muss eine Architektur beschaffen sein, die jene spezifischen Denk- und Arbeitsweisen ermöglicht und befördert, die für Think Tanks charakteristisch sein sollen? In *The Architecture of Science* haben Peter Galison und Caroline Jones den Versuch einer Genealogie »verstreuter« wissenschaftlicher Arbeitsräume unternommen.[47] Während in der Vorkriegszeit spezialisierte Labors die Regel waren, die von einzelnen Forschern oder kleinen Teams betrieben wurden und architektonisch durch dicke Mauern gegen Umwelteinflüsse abgeschottet waren, veränderte sich das Bild unter Kriegsbedingungen. Architektonisch werden die Gebäude flexibel und bestanden nunmehr aus großen, klimatisierten Hallen mit beweglichen Trennwänden und in den Boden eingelassener Versorgung, um verschiedensten, oft kurzfristig wechselnden Aufgaben gerecht zu werden. Zum Vorbild der Wissenschaftsarchitektur gerät damit – so Galison/Jones – die Fabrik. Los Alamos und die Großprojekte der Nachkriegszeit in Rüstungsforschung und Teilchenphysik ähneln nicht nur Fabriken, sondern *sind* im Wortsinne Denk-Fabriken. Sie funktionieren auftragsorientiert und kollaborativ, sind zentralisiert aufgebaut und hierarchisch organisiert. Angesichts der RAND *Corporation* lässt sich diese Diagnose zwar bis

---

47 Peter Galison; Caroline A. Jones: »Factory, Laboratory, Studio: Dispersing Sites of Production«, in: Peter Galison; Emily Thompson (Hrsg.): *The Architecture of Science*, Cambridge 1999, S. 497–540; vgl. Michel Foucault: *Die Ordnung des Diskurses*, Frankfurt/M. 1991, S. 41.

zu einem gewissen Grad aufnehmen, bedarf jedoch der Modifikation, da im Rahmen der Forschung eines Think Tanks weder material- und kostenintensive Experimente durchführt werden, noch irgendetwas Materielles produziert wird außer Beratung im Sinne von gedruckten Reports. Glücklicherweise sind einige Hinweise überliefert, welche Ansprüche von RAND-Mitarbeitern während des Planungsprozesses für das 1953 errichtete Institutsgebäude gestellt wurden, das etwa 300 Mitarbeiter beherbergen sollte.

Korridore der Kreativität
Maßgeblichen Einfluss auf die Architektur von RAND hatte John D. Williams, der fünfte überhaupt eingestellte Mitarbeiter und in den frühen Jahren die rechte Hand des Gründungsdirektors Frank Collbohm. Alex Abella beschreibt Williams als Verkörperung eines »Soldiers of Reason« – als jemanden »who believed that every human activity could be understood and explained by numerical rationality«.[48] Williams, der seinem Ruf als Exzentriker gerecht wurde, indem er John von Neumann für ein Monatsgehalt verpflichtete, seine Gedanken beim morgendlichen Rasieren (und nur diese!) aufzuschreiben, indem er sein Jaguar-Coupé mit einem Radargerät ausstatten ließ oder indem er eine allgemeine Theorie des Krieges nach dem Modell von Einsteins einheitlicher Feldtheorie anstrebte, war entscheidend an der frühen Einstellungspolitik, der disziplinären Erweiterung und eben nicht zuletzt der architektonischen Unterbringung der RAND *Corporation* beteiligt.

Der bisherige Planungsprozess des künftigen Institutsgebäudes – so Williams 1953 in einem hausinternen Memo[49] – gleiche

---

48 Abella: *Soldiers of Reason*, a.a.O., S. 21f.
49 John D. Williams to RAND Staff, *Comments on the* RAND *Building Program*, 26. Dezember 1950. Der Architekt war Harold Roy Kelley; vgl.

dem Koreakrieg: Man sei zwar nicht ganz unvorbereitet, aber das Ergebnis sei trotzdem etwas unbefriedigend. Um nicht in einem »obszönen« achtgeschossigen Turm, einer hierarchisch-konzentrischen »Höhle « oder einem »Fischskelett« voller Sackgassen zu enden, müsse man zuerst überlegen, wie die spezielle Arbeit eines Think Tanks organisiert ist und was der konstitutive Beitrag der Architektur dazu sein könnte. Oberstes Ziel sei es demnach, so Williams, das »ungeplante Zusammentreffen von Leuten zu befördern«. Mit dem Kalender organisierte Meetings sollten nicht die Regel, sondern nur die Ausnahme eines permanenten »informellen« Austauschs sein. Dies unterläuft in gewisser Weise jene internen Grenzen, die durch individuell unterschiedliche *clearings* und Geheimhaltungsstufen natürlich omnipräsent sind. Die räumliche Dichte, die zu diesem Imperativ der Kommunikation nötig wäre, steht jedoch in Konkurrenz zu anderen Denkbedürfnissen wie der Möglichkeit von Abgeschiedenheit, Stille, natürlichem Licht, Luft und Geräumigkeit. Hinzu kommen noch Umstände wie die Abschottung vor Einblicken von außen (ebenfalls aus Geheimhaltungsgründen) sowie die offensichtliche Unmöglichkeit, das Denken auf verbindlich geregelte Arbeitszeiten zu beschränken, die es nötig macht, das Gebäude auch nachts und an Wochenenden geöffnet zu halten.[50]

Weil man erfahrungsgemäß Kollegen nicht mehr zufällig trifft, sobald sie in einem anderen Stockwerk sitzen, spaltet Williams die Belegschaft zunächst einmal in Forscher und Nicht-Forscher

---

weiterführend Michael Kubo: *Constructing the Cold War Environment. The Strategic Architecture of* RAND, M.arch. thesis, Harvard Graduate School of Design 2006.
50 Zitiert in Richard D. Specht: »RAND – A personal view of its history«, a.a.O., S. 826.

(wozu neben Publikationswesen und Finanzverwaltung auch Datenverarbeitung – »numerical analysis« – gehört), so dass diejenigen, die miteinander reden *sollen*, geschlossen im Erdgeschoss bleiben. Weil es bei einem Think Tank nicht um eine Hierarchie geht, innerhalb derer »von oben« etwas an Untergebene verschickt wird, fällt eine Baumstruktur aus. Als ideale Topologie für die Fluktuation von Forscherkörpern innerhalb eines Netzes von Büros (Williams benutzt dafür den Ausdruck »Pakete«) erscheint vielmehr ein regelmäßiges Gitter mit Innenhöfen. Und als guter Mathematiker nähert er sich diesem Ordnungsproblem mit Hilfe der Verbandstheorie (*lattice theory*), um sich eine quantifizierbare Übersicht zu verschaffen. In einer vergleichenden Tabelle zeigt Williams, dass sich die durchschnittlichen Wegstrecken im Verhältnis zu den gesamten Flurlängen am besten durch ein quadratisches Raster optimieren lassen: Bei einer Struktur von 4 x 4 Linien (also 9 Innenhöfen) sind es nur noch 10% – im Gegensatz zu 25% bei 2 x 2 Linien (also 1 Innenhof). Allerdings ließe sich dies in realer Architektur nur bis zu einem bestimmten Punkt vorantreiben, ab dem die Bewohner ob ihrer zu kleinen Innenhöfe in Depression verfallen würden. (Die Bestimmung der angemessenen Größe, so Williams, sei Aufgabe des Architekten, den – in guter Think Tank-Manier – die hauseigenen Psychologen unterstützen könnten.) Aufgrund des kalifornischen Klimas könne man vielleicht sogar einige Flure als Veranda gestalten und dadurch »outside offices« vor den jeweiligen Bürotüren gewinnen. Vieles davon hat sich in das »bauende Hervorbringen« jenes Denk-Gebäudes eingeschreiben, das RAND noch bis 2004 bewohnte. Mit Williams' Memo jedenfalls wurde praktizierte Interdisziplinarität zu einer Frage der optimierten räumlichen Bewegung, der Verdichtung und kontrollierten Kollision kluger Köpfe, die selbst wie jene Probleme des *Operations Research* (etwa Flächenbombardement oder

U-Boot-Patrouillenflüge) zu behandeln ist, bei denen RAND seinen historischen Anfang nimmt.[51]

Schockresistentes Denken
Über eine architektonische Anlage hinaus, deren Struktur die Wahrscheinlichkeit von Kommunikation erhöhen soll, wird auch die Art und Weise der Kommunikation selbst zum Gegenstand der hausinternen Reflexion. Bereits in den 1920er Jahren war – in kritischer Auseinandersetzung mit der Rationalität der wissenschaftlichen Betriebsführung – die Bedeutung des »Betriebsklimas« für die Produktivität entdeckt und im berühmten »Hawthorne-Effekt« paradigmatisch gefasst worden.[52] Arbeitsleistung, so die Grundannahme der daraufhin einsetzenden Human Relations-Bewegung, hängt nur in begrenztem Maße von objektiven Faktoren ab, sondern ist maßgeblich von sozialen Faktoren, von einem nicht-direktiven Führungsstil und vom Wohlgefühl der Arbeitenden beeinflusst. Bruce-Biggs beschreibt die frühe »RAND culture« in diesem Sinne durch Begriffe wie »informality, egalitarianism, and lack of rigid hierarchy«.[53] Etwas präziser und ebenfalls mit mathematischen Mitteln werden solche Vorzüge um 1950 bei RAND selbst systematisch erforscht.

Alex Bavelas, der um 1950 gemeinsam mit Harold Lewis am »Group Networks Laboratory« des M.I.T. die Grundlagen einer

---

51 Die zeitgenössische deutsche Übersetzung von *Operations Research* mit »Unternehmensforschung« illustriert den nahtlosen Übergang militärischer in manageriale Anwendungen.

52 Elton Mayo: *The Social Problems of an Industrial Civilisation*, New York 1933; Fritz Jules Roethlisberger; William J. Dickson: *Management and the Worker*, Cambridge, Mass. 1939; vgl. H. McIlvaine Parsons: »What happened at Hawthorne?«, in: *Science*, 183 (1974), S. 922–932.

53 Bruce-Biggs: *Supergenius*, a.a.O., S. 175.

mathematischen Organisationstheorie für die Kommunikation innerhalb kleiner Gruppen legte, verfasste 1950 ein Memorandum für RAND zu diesem Thema und stellte seine Ergebnisse auf einer der Gründungskonferenzen der Kybernetik zur Diskussion.[54] Dabei spielte insbesondere die Frage der Hierarchie und der Zentralität eine Rolle, die Bavelas experimentell untersuchte, graphentheoretisch behandelte und insbesondere an baum- und kreisförmigen Graphen zuspitzte. Den Versuchspersonen wurden dabei Aufgaben gestellt, die nur in der Gruppe gelöst werden können, wobei durch unterschiedliche Netzwerkstrukturen festgelegt wurde, wer mit wem auf welche Weise kommunizieren kann. Wie zu erwarten, war die Gewissheit darüber, wer die Rolle einer Führungspersönlichkeit übernimmt, bei Baumstrukturen wesentlich höher als bei Kreisstrukturen. Schon interessanter erschien die Tatsache, dass die gemeinsame Arbeit in Kreisen offensichtlich langsamer und fehlerbehafteter vorangeht als in Bäumen, die Versuchspersonen aber sehr zufrieden mit ihrer Situation sind und das Experiment sogar freiwillig gerne wiederholen, wohingegen die Versuchspersonen in Bäumen apathisch und aggressiv werden, obwohl sie bestimmte Probleme durch eine hierarchisch-zentralistische Struktur effizienter zu lösen vermögen. Gruppen scheinen glücklicher, wenn sie »leaderless« sind, oder wenn sie ihre Führung selbst im Sinne der Repräsentation aushandeln dür-

---

54 Alex Bavelas: »A Mathematical Model for Group Structure«, in: *Human Organization*, 7 (1948), S. 16–30; ders., *The Performance of Task-Oriented Groups as Influenced by Communication Networks*, Santa Monica 20. März 1950 (RAND RM-358); H. J. Leavitt: »Some Effects of Communication Patterns on Group Performance«, in: *Journal of Abnormal and Social Psychology*, 46 (1951), S. 38–50; Alex Bavelas: »Communication Patterns in Problem-Solving Groups«, in: Claus Pias (Hrsg.): *Cybernetics/Kybernetik. Die Macy-Konferenzen 1946–1953*, Zürich, Berlin 2003, S. 349–381.

fen. (Ein Ergebnis, das der westlichen »Ideologiefreiheit« als Argument des Kalten Krieges sicherlich entgegenkam.)

Für die Arbeit in Think Tanks werden dabei vor allem Fragen der Adaptivität interessant. Welche Organisationsform gewährleistet, dass eine Gruppe fähig ist, rasch auf eine veränderte Problemlage zu reagieren, ihre eigenen Routinen fallen zu lassen und neue Ideen voranzutreiben? Auch dabei erwies sich die »informality« oder »flache Hierarchie« einer Kreisstruktur als deutlich überlegen: Während die »Moral« bei Baumstrukturen zur Peripherie hin deutlich sinkt, Vorschläge aus den Blättern am zentralen Knoten oft abgelehnt werden (was Frustrationen oder gar gezielte Kontraproduktivität hervorruft) und die Adaption an neue Probleme nur sehr langsam erfolgt, regenerieren sich Kreisstrukturen sehr viel schneller vom »Schock« veränderter Problemstellungen, sind offener für neue Ideen und haben (ob der kürzeren Distanzen) eine durchweg höhere Moral. Die oft beschriebene Informalität und Hierarchielosigkeit bei RAND und anderen Think Tanks ist also nichts, was sich einfach ereignet, sondern von einem Effizienzdenken diktiert, das sich nicht auf eine optimale Durchführung bekannter Lösungen, sondern eine Adaptivität an veränderliche Problemlagen, d.h. auf die Erfindung neuer Lösungen richtet.

Die mathematischen Beschreibungsversuche, Experimente und anschließenden Simulationen um flexibles Problemlösen in kleinen Gruppen sind dabei nur ein Aspekt eines umfassenderen »Research and Development« von Kreativität, das mit dem Zweiten Weltkrieg eingesetzt hatte und im darauf folgenden »Wettlauf der Systeme« eine nicht unerhebliche Rolle spielte. Zu erinnern wäre etwa an die Kleingruppen-Tätigkeit des »brainstorming«, die 1939 von Alex Osborn zwar zunächst für Kampagnen in der Werbeindustrie entwickelt wurde, zugleich aber auf die Herausforderungen des Kriegseintritts antworten sollte und sich nach

dessen Ende in Think Tanks wiederfindet.[55] Mit seinen Prinzi-
pien der aufgeschobenen Evaluation, dem Primat der Quantität,
der Präferenz für ausgefallene Ideen und des spontanen Reagie-
rens verspricht das Brainstorming – zumindest als »conference
technique« in einer bestimmten Arbeitsphase – genau jene Bar-
rierefreiheit des Denkens, wie sie von Think Tanks üblicherweise
erwartet wird. Zu erinnern wäre aber auch an zahlreiche Unter-
nehmungen zur Diagnose wissenschaftlicher Kreativität. Die erste
Konferenz zu diesem Thema, der viele weitere folgen sollten, fand
1955 in Utah statt, und ihr Auftrag ist in den Grußworten eines
Vertreters der *National Science Foundation* deutlich benannt: Wie
identifiziert man förderungswürdige Wissenschaftler quer zu allen
Disziplinen als »potential scientific leaders«, also auf eine mögliche Zukunft hin?[56] Und wie muss eine Umgebung gestaltet sein,
die kreatives Denken befördert, damit der »scientific output« der
USA sich verbessert und damit nicht nur Gesundheit und Wohl-
stand, sondern auch die Nationale Verteidigung gegenüber einer
UdSSR gesichert ist, die aufgeholt zu haben scheint?[57]

---

55 Alex F. Osborn: *How to Think Up*, New York 1942; ders., *Your Creative
Power. How to Use Imagination*, New York 1948; ders.: *Applied Imagina-
tion: Principles and Procedures of Creative Thinking*, New York 1953; vgl.
Tudor Rickards: »Brainstorming«, in: Mark A. Runco; Steven R. Pritzker
(Hrsg.): *Encyclopedia of Creativity*, San Diego 1999, Bd. 1, S. 219–227.
56 Calvin W. Taylor (Hrsg.): *Research Conference on the Identification of
Creative Scientific Talent*, Brighton 27.–30. August 1955, S. 6. Vorangegan-
gen war eine Konferenz *Techniques of Selecting Recipients of Fellowships*,
Washington 24.–25. Juni 1954.
57 Ebd, S. 8ff.

Spielend denken

Wie denkt man aber nun »kreativ« über den (un)möglichen Krieg nach? Was befähigt einen Think Tank wie RAND, »das Undenkbare zu denken«, um Herman Kahns sprichwörtlich gewordenen Buchtitel zu zitieren? Die Vermutung lautet, dass ausgerechnet dort, wo das Denken sich auf seine größtmögliche Freiheit beruft und selbst noch das Undenkbare für sich reklamiert, es am stärksten auf bestimmte Institutionen, Methoden und Medientechnologien angewiesen ist. Gerade diese Verpflichtungen sind es, die Routinen und Abwehrmechanismen des Denkens zu umgehen erlauben und dabei so etwas wie das »Undenkbare« systematisch erzeugen.[58] Um zumindest zwei charakteristische Beispiele zu geben, bietet sich das Werk Herman Kahns an. Kahn hatte bis zur Gründung seines eigenen Think Tanks[59] nahezu alle bei RAND zirkulierenden Ansätze aufgenommen, ausprobiert und zugespitzt, so dass sein zum Ausstieg verfasstes Hauptwerk *On Thermonuclear War* so aussah, als ob »a giant vacuum cleaner had swept through the corridors of RAND, sucking up every idea, concept, metaphor and calculation that anyone in the strategic community had conjured up over the previous decade.«[60]

Ein beispielhaftes Instrument ist das *Spiel*, und zwar insbesondere – neben Formen wie dem klassischen Kriegsspiel und der

---

58 Claus Pias: »Abschreckung denken. Herman Kahns Szenarien«, in: ders. (Hrsg.): *Abwehr. Modelle – Strategien – Medien*, Bielefeld 2009, S. 169–188.
59 Das *Hudson Institute*, gegründet 1961 und in Kahns eigenen Worten eine »nonprofit research organization that will combine the best features of Harvard, Colombia, the Institute of Advanced Studies, RAND and Heaven« (an Samuel Huntington, zit. nach Bruce-Biggs: *Supergenius*, a.a.O., S. 135f.).
60 Fred Kaplan: *The Wizards of Armageddon*, New York 1983, S. 227; Herman Kahn: *On Thermonuclear War*, Princeton 1960.

mathematischen Spieltheorie, die ebenfalls bei RAND praktiziert wurden – das Rollenspiel. Rollenspiele, die oft mit namhaften Politikern, Wissenschaftlern oder Militärs durchgeführt wurden, basieren darauf, »dass jeder Spieler eine Rolle zugewiesen bekommt und aufgefordert wird, auf die [vorgegebenen] Ereignisse jeweils so zu reagieren, als hätte er für die von ihm repräsentierte Einheit die Entscheidungen zu treffen. Bei solchen Spielen können einzelne Spieler die Rolle der Vereinigten Staaten, der Sowjetunion, Großbritanniens, Frankreichs, Ostdeutschlands, der osteuropäischen Trabanten und Chinas übernehmen. Gewöhnlich gibt es noch weitere Rollen, durch die Feinheiten und Verwicklungen ins Spiel gebracht werden. […] Bei den meisten Spielen übernehmen ein oder mehrere Spieler die Rolle der ›Natur‹. Die ›Natur‹ beschreibt die Ausgangslage des Spiels; entscheidet, ob bestimmte Verhaltensweisen der Spieler zulässig sind; reguliert zufällige Ereignisse und die Folgen solcher Handlungen, die nicht von anderen Spielern kontrolliert werden; spielt Rollen, die sonst nicht besetzt sind, und regelt den Austausch von Mitteilungen im Spiel, soweit das nicht durch andere Spieler geschieht. Die ›Natur‹ spielt auch die Rolle des Schiedsrichters.«[61] Rollenspiele haben, so Kahn, erhebliche Vorteile für die Arbeit in Think Tanks. Erstens »kann man durch sie ein Problem in kleine Teile zerlegen, von denen man jedes einem Experten übergibt, während gleichzeitig die Interaktion zwischen den Spielern dafür sorgt, dass von dem Problem nicht nur Bruchstücke übrig bleiben.«[62] Zweitens ergreifen die Spieler Partei, sie entwickeln Leidenschaft und Hingabe. Das

---

61 Kahn: *Thinking About the Unthinkable*, a.a.O., S. 155ff. (alle Übersetzungen nach Claus Pias (Hrsg.): *Herman Kahn: Szenarien für den Kalten Krieg*, Zürich, Berlin 2010, in Vorbereitung).
62 Ebd.

Spiel ist daher, so Kahn, eine deutlich leistungsfähigere Produktionsumgebung für »detaillierte Studien zu Fragen der Strategie der Ausrüstung oder des Kontextes« als etwa Konferenzen.[63] Und drittens sind Rollenspiele in der Lage, ihre Betreiber zu überraschen, denn ihr Ziel ist es weniger, expliziten Regeln zu folgen, als vielmehr herauszufinden, welches überhaupt die angemessenen Regeln sind. Sie handeln (wie quantitative *Systems Analysis* oder Computersimulationen) von Systemverhalten und fokussieren dabei nicht auf das Wahrscheinliche, sondern auf das Interessante und eröffnen dadurch einen Fluchtweg aus der Abstraktion. In diesem Sinne beweisen Rollenspiele nichts, prognostizieren nichts und dementieren grundsätzlich ihre Vertrauenswürdigkeit. Ihre spezifische Leistung ist vielmehr eine der Beratung: Sie sind nicht haftbar für Entscheidungen, aber bereiten Entscheidungen vor. Rollenspiele geben Anregungen ohne Gewähr, sie komplexieren durch Verkörperung und führen zu einem »erweiterten Verstehen« von Problemlagen, das zu Reaktionen anleiten soll wie: »Darüber habe ich mir noch nie Gedanken gemacht«, oder: »Es wäre mir nie in den Sinn gekommen, dass …«.[64] Als Kreativitätstechnik stehen sie damit nicht nur in der historischen Linie sogenannter »freier Kriegsspiele«, sondern befinden sich vor allem in Zeitgenossenschaft mit dem Konzept des Psychodramas, das sich ebenfalls als methodische »Aktivierung und Integration von […] Kreativität« verstand und dessen therapeutischer Erfolg sich daran bemisst, dass »der Protagonist für eine neue oder bereits be-

---

63 Herman Kahn; Irwin Mann: *War Gaming*, Santa Monica 30. Juli 1957 (RAND P-1167).
64 Kahn: *Thinking About the Unthinkable*, a.a.O., S. 158.

kannte Situation eine neue und angemessene Reaktion findet«.[65]
In einem gewissen Sinne stellt das Stegreiftheater in Santa Monica
die Gruppentherapie zum dort erstmals beschriebenen »Gleichge-
wicht des Schreckens«[66] dar.

Dem Spiel nahestehend, aber nicht identisch mit ihm ist das
Szenario. Bereits die Herkunft des Begriffs aus dem Filmgeschäft
signalisiert die systematische Verbindung von Wissenschaft und
Fiktion, wie sie für Think Tanks bezeichnend ist. Vermutlich ge-
langte er über Leo Rosten zu RAND – einem ausgebildeten Psychologen und Ökonomen, der hauptberuflich als Screenwriter
erfolgreich und während des Zweiten Weltkriegs an der Produktion von Propagandafilmen beteiligt war.[67] Bei Herman Kahn, der
die Szenario-Technik maßgeblich geprägt hat, bezeichnet es den
Versuch, eine hypothetische Folge von Ereignissen zusammenzu-
stellen, die logischerweise zu einer bestimmten Situation führen.
Das Wort »logisch« bezieht sich auf den strukturalistischen, gene-
rativen Aspekt von Szenarien: Es geht nicht um eine einzelne Er-
zählung, sondern um die Erforschung narrativer Verzweigungs-
möglichkeiten an entscheidenden Knotenpunkten. Ein Szenario
macht daher nur im Plural Sinn – durch ein Erzählen entlang
eines Diagramms werden die Möglichkeiten und Bedingun-

---

65 Jacob L. Moreno: *Gruppenpsychotherapie und Psychodrama*, Stuttgart
1959, S. 34.
66 Albert Wohlstetter: *The Delicate Balance of Terror*, Santa Monica 6.
November 1958 (RAND P-1472).
67 Art Kleiner: »The Man Who Saw the Future«, in: *Strategy and Business*,
30 (2003), S. 26–31. Rosten wurde 1947 die Leitung einer künftigen sozialwissenschaftlichen Abteilung bei RAND angeboten (Abella, *Soldiers of Reason*, a.a.O., S. 24ff.). Vgl. auch Paul Dragas Agilica: »The challenge of the
future and the institutionalization of interdisciplinarity: notes on Herman
Kahn's legacy«, in: *Futures*, 36(2004), S. 67–83.

gen unterschiedlicher Ereignisfolgen narrativ erforscht. (Wahr-scheinlich ist Kahns Vergangenheit als Teilchenphysiker und seine Beschäftigung mit Kettenreaktionen und »random walks« für seine Vorliebe für Szenarien nicht unbedeutend.) Szenarien handeln insofern von alternativen Welten,[68] die sich entlang von Entscheidungsbäumen entfalten (und an deren Knoten wiederum Spiele gespielt werden können, mit deren Ergebnissen das Szena-rio fortgeschrieben werden kann). Dies kann sowohl die Organi-sation zukünftiger (futurologischer) oder vergangener (uchroni-scher bzw. kontrafaktischer) Ereignisketten betreffen. Szenarien dienen dabei im Rahmen der beratenden Tätigkeit als Mittel der »Vorstellungskraft«, als »Denkhilfe«, als Motor der »Phantasie« oder als »Gedankenexperiment« (Kahn); sie befördern ein Ver-ständnis für die Vielfalt von Möglichkeiten, für entscheidende Momente, für Kausalität und Wechselwirkungen und verspre-chen durch die Komplexität, die sich oft aus einfachen Regeln ent-wickeln kann, zu überraschen. »It [the scenario] helps executives to see the world through different lenses, stretching beyond their conventional mental map. Value-free scenarios can help them see crucial aspects in the situation they were not looking for.«[69] Ebenso wie Spiele liefern Szenarien jedoch weder Empfehlungen noch Voraussagen. Vielmehr sind gerade »unrealistische Ent-würfe […] oft nützliche Diskussionsgrundlagen, und […] es ist […] bemerkenswert, dass für manche Zwecke Fehler in Einzel-

---

68 Herman Kahn: *On Alternative World Futures: Issues and Themes*, Croton-on-Hudson, NY 1966 (Hudson Institute HI-525-D/3); ders.: »The Alternative World Futures Approach«, in: Franklin Tugwell (Hrsg.): *Search for Alternatives*, Cambridge 1973.
69 Kees van der Heijden: *Scenarios. The Art of Strategic Conversation*, 2. Aufl. Chichester 2005, S. 114.

heiten nur von untergeordneter Bedeutung sind.«[70] Dies schließt nicht aus, sondern ein, dass Szenarien mit enormen Mengen heterogenen, wissenschaftlichen Datenmaterials unterfüttert sind, wie dies etwa für gegenwärtige Szenarien des Klimawandels zutrifft.[71] Bedeutsam ist vielmehr, dass das Wissen von Szenarien und Spielen durchgängig mit einem hypothetischen Index versehen ist, aufgrund dessen der (Miss-)Erfolg von Beratung unkontrollierbar ist. Oder, wie Peter Fuchs es formuliert hat: »Es gibt keine Empirie des Möglichen.«[72]

* * *

Wenn heute Wahlkämpfe aus *War Rooms* heraus dirigiert werden und die Kreativitätsindustrie ihre Kampagnen plant, dann beerben sie nicht lediglich eine Semantik, die seit dem 19. Jahrhundert Märkte als Schauplätze des ›Kampf ums Dasein‹ beschreibt. Vielmehr und naheliegender beerben sie Medientechniken, Praktiken und Wissensformen, die den Kreativitätstechniken und Planspielen des Kalten Kriegs entstammen. Mehr noch: der Status und die Rolle, die Berater und Beratungsinstanzen heute in Politik, Wirtschaft, Militär und Wissenschaft einnehmen, verdanken sich jenem strukturellen Ort, den sich die Think Tanks im 20. Jahrhundert geschaffen haben. Zwischen Einflussnahme und Distanz

70 Herman Kahn; Anthony J. Wiener: *Ihr werdet es erleben. Voraussagen der Wissenschaft bis zum Jahre 2000*, Wien, München, Zürich 1968, S. 251–254.
71 Bruno Latour: *Elend der Kritik. Vom Krieg um Fakten zu Dingen von Belang*, Zürich, Berlin 2007, S. 11.
72 Peter Fuchs: *Die Beratung der Gesellschaft. Einige Überlegungen zum Morbus consilii* (http://www.sozialarbeit.ch/dokumente/beratung_gesellschaft.pdf)

zur Macht, zwischen Aufschub und Entscheidung, zwischen Geheimnis und interdisziplinärer Öffentlichkeit haben sie sich einen Raum geschaffen, in dem mit dem Undenkbaren gerechnet werden kann.

Thomas Macho

Was tun?
Skizzen zur Wissensgeschichte der Beratung

1.

Am Anfang war die Zeit. Mit der Entdeckung der Zeit hat die Geschichte der Menschen begonnen. Die Menschen haben Zeit: Sie haben Zeit, weil sie in die Vergangenheit zurückblicken können; und sie haben Zeit, weil sie in die Zukunft vorausschauen können. Wenn irgendetwas geschieht, was die Herzen verwirrt und die Köpfe überrascht, können sie fragen: Warum und aus welchen Gründen ist es passiert? Und gleichermaßen können sie fragen: Was wird in den nächsten Tagen, Wochen, Monaten oder Jahren passieren? Was oder wer hat dieses Ereignis verursacht, und welche Folgen wird es hervorrufen? Menschen können in eine Beziehung zu ihrer Vergangenheit oder zu ihrer Zukunft treten. Anders gesagt: der Prozess der Menschwerdung begann im selben Augenblick, in dem ein Tier einen Reiz nicht automatisch, mit einer genetisch mehr oder weniger festgelegten Geste beantwortete, sondern Zeit verstreichen ließ – eine Distanz aufbaute zwischen den Ereignissen und den durch sie provozierten Reaktionen. Aus dieser Distanz, aus dieser konstitutiven Verzögerung der schnellen Taten und Entscheidungen, hat sich allmählich eine elementare Kompetenz herausgebildet: die Kompetenz, das Geschehene zu analysieren und zu reflektieren, und die Kompetenz, das Bevorstehende, Herannahende vorwegzunehmen und in vielen Details zu planen. Die Geschichte der Beratung entspringt einem Zeitgewinn, der bei oberflächlicher Auffassung als Zeitverlust erscheinen mag. Jeder Rat kommt vor der Tat, die er vertagt; er schiebt sich zwischen Herausforderung und Entscheidung, zwischen Ereignis und Reaktion. Während viele Umstände routiniert – ohne Zwang zur Reflexion, gleichsam automatisch – bewältigt werden können, schlägt die Stunde der Beratung, sobald Verzögerungen zwischen einer aktuellen Situation und einer Handlung eintreten. Die Frage der Beratung lautet schlicht: *Was tun?* – und diese Frage versteht sich so wenig von selbst, dass führende Anthropologen behaupten konnten, ihr Erscheinen bilde ein wesentliches Element des Hominisationsprozesses.[1] *Was tun?* Die Frage kostet Zeit, und bringt doch Zeit überhaupt erst hervor. Während die Tiere – nach Nietzsches vielzitiertem Wort – an den »Pflock des Augenblickes«[2] gebunden bleiben, können Menschen planen, experimentieren, versprechen, hoffen, wünschen, erwarten, Möglichkeiten abschätzen und Trends berechnen. Der Mensch ist das Tier, das sich Zeit nehmen kann; er ist das Lebewesen, das Zukunft (und einen Terminkalender) hat.

›Rat‹ heißt auf Griechisch *boulé*, als Verbalnomen zu *boúlestai* (wollen, wünschen), aber auch als Ableitung von *bállein* (werfen) oder *bállestai* (sich werfen auf); *eùboulia* heißt schließlich die ›Wohlberatenheit‹. Die *boulé* lässt sich – nach Auskunft des *Historischen Wörterbuchs der Philosophie* – am ehesten als »sammelndes Innehalten« übersetzen: Sie betrifft »nicht in erster Linie den Rat, den man jemandem gibt (wie im Deutschen), sondern

---

1   Vgl. Dieter Claessens: *Das Konkrete und das Abstrakte. Soziologische Skizzen zur Anthropologie*, Frankfurt/M. 1980, S. 29–59.
2   Friedrich Nietzsche: *Vom Nutzen und Nachtheil der Historie für das Leben*. Unzeitgemässe Betrachtungen: Zweites Stück. In: *Sämtliche Werke – Kritische Studienausgabe*. Bd. 1, München, Berlin, New York 1980, S. 248.

den Rat, den man selbst hegt: ›Erwägung‹ und ›Ratschluß‹.«[3] Zur
eùboulia, Wahrnehmung der Vergangenheit wie der Zukunft,
gehört die schockierende Erfahrung der Ratlosigkeit. Sie setzt –
vor aller Arbeitsteilung – die ersten Ratgeber ein: nämlich die
ratlosen Menschen selbst. Der Rat ist nicht bloß etymologisch
mit dem *Rätsel* verwandt. Das ursprüngliche Beratungsverhält-
nis konstituierte sich als sphinxische Frage, die zunächst wohl als
Irritation, ja als Panik erfahren wurde, als eine gefährliche Konkurrenz der Möglichkeiten, die eher zur Verzweiflung treibt als
zur Besinnung. Ratlosigkeit führte gewiss nicht sofort zu innerer
Sammlung oder Reflexion, zu einer Kunst der Selbsterkenntnis,
wie sie bekanntlich in der Vorhalle des Apollotempels auf Delphi
proklamiert wurde; im Angesicht des Schreckens wurden Freiheit
und Offenheit vielmehr als Schutzlosigkeit, Orientierungsverlust
und Todesdrohung erfahren. Nicht umsonst reüssierten jene Hel-
den und herausragenden Persönlichkeiten als erste Ratgeber, die
schlicht über eine höhere Krisentoleranz verfügten. Zu Schamanen wurden beispielsweise Stammesangehörige initiiert, die eine
schwere, lebensbedrohliche Krankheit überwunden hatten; und
noch in der Antike bildete Blindheit geradezu eine ideale Voraus-
setzung für das Amt des Sehers.

Bis zum heutigen Tag wird ein hohes Lebensalter als die natür-
liche Qualifikation eines erfolgreichen Beraters angesehen; dabei
geht es nicht allein um ein reicheres Maß an Lebenserfahrungen,
sondern auch um jene Weisheit, die sich als Überlebenskompe-
tenz in schwierigen Zeiten dokumentiert. Der vertrauenswürdige
Berater wirkt als ein Medium des Zeitgewinns: eines Zeitgewinns
durch Verzögerung. Sein Hauptgegner ist allemal der Tod – der

3 Joachim Ritter; Karlfried Gründer (Hrsg.): *Historisches Wörterbuch der
Philosophie.* Bd. VIII, Basel 1992, Sp. 32.

letzte und endgültige Zeitverlust, die Grenze und Vernichtung der Zukunft. Ein alter Berater bezeugt allein durch seine Erscheinung, dass er dem Untergang bei verschiedenen Gelegenheiten trotzen konnte. Seine Langlebigkeit fungiert als beste Empfehlung: durchaus im Sinne jener chassidischen Legende, in der Rabbi Ascher von einer Begegnung mit Rabbi Pinchas aus Korez erzählt. Er habe dem Weisen nicht gesagt, wer er sei; nach kurzer Zeit habe jedoch der fromme Mann bemerkt: »›Dein Vater geht hinter dir her.‹ Nach einer Weile fügte er hinzu: ›Dein Vater hat eine Dummheit begangen.‹« Da erschrak Rabbi Ascher; denn er wusste, »was Rabbi Pinchas von einem Zaddik sagte, und weilte der schon fünfhundert Jahre in der oberen Welt, kommt vor die Ohren des himmlischen Gerichts.« Worin bestand die Dummheit des verstorbenen Vaters? – »›Die Dummheit‹, fuhr Rabbi Pinchas fort, ›die dein Vater begangen hat, ist, dass er nicht länger am Leben blieb.‹«[4]

2.

Wer Zukunft haben will, darf sich dem Tod nicht beugen. Und doch gewinnt er sein Wissen gerade aus dem Kontakt mit der Vergangenheit. Zukunftsforschung setzt Erinnerung, die Arbeit des Gedächtnisses voraus; Weisheit entspringt dem Umgang mit den toten Ahnen. Die Schamanen mussten die jenseitigen Schattenreiche bereisen, um ihre kranken und gefährdeten Stammesgenossen im Alltag des Diesseits beraten und heilen zu können; nicht wenige Herrscher huldigten – wie Saul bei seinem Besuch

---

4   Martin Buber: *Die Erzählungen der Chassidim*, Zürich 1949, S. 329.

der Totenbeschwörerin von En-Dor[5] – der Nekromantie. Pointiert gesagt: die wichtigsten Berater der Lebenden kamen aus dem Land der Toten. Daran hat sich bis heute nicht viel geändert. Wir lesen Bücher und lassen uns von geschriebenen Ratschlägen beeindrucken, deren Autoren nicht mehr am Leben sind; in Filmen und Biographien erscheinen die Toten, um von den leidvollen oder glücklichen Erfahrungen ihres Lebens Zeugnis abzulegen. Zu Recht schrieb Alain: »Die Toten sind nicht tot, schon deshalb nicht, weil wir leben. Die Toten denken, sprechen und handeln; sie können raten, wollen, billigen und tadeln; alles das ist wahr, man muss es nur richtig verstehen. Alles das ist in uns.«[6] Die Sätze bedürfen lediglich einer winzigen Korrektur, um jede Assoziation mit gruseligen Wiedergängern oder besessenen Zeitgenossen zu vermeiden: »Die Toten sind nicht tot, – schon deshalb nicht, weil wir *lesen*.«

Beratungskompetenz korrespondiert der Lesefähigkeit, übrigens auch (wie im Falle des Rätsels) nach Maßgabe etymologischer Verwandtschaft, von der das englische Verbum *read* bis heute zeugt. In der mehrtausendjährigen Geschichte der Beratung wurden nicht nur Bilder, Schriften oder Zahlen gelesen; zum Stoff der mantischen Bemühungen zählten auch die Eingeweide von Opfertieren, Missbildungen bei Pflanzen, Tieren oder Menschen (*Teratomantie*), die Gestirns- und Planetenkonstellationen, der Zug von Vögeln oder Fischen, die Träume und Visionen, Lose, Stäbe, Steine, Wolken, Wasser, Feuer oder Knochenreste. Chaldäische

---

5   Vgl. *1 Samuel 28, 3–25*. Zitiert nach: *Neue Jerusalemer Bibel*. Herausgegeben von Alfons Deissler und Anton Vögtle, Freiburg im Breisgau 1985, S. 376f.
6   Alain: *Die Pflicht, glücklich zu sein,* übers. von Albrecht Fabri, Frankfurt/M. 1982, S. 151.

und assyrisch-babylonische Tontäfelchen aus dem dritten vor-
christlichen Jahrtausend berichten bereits von Traumdeutungen
oder von den Techniken der *Lekanomantie* – der Interpretation
jener vielfältigen Formen, die ein Tropfen Öl auf der Oberfläche
eines mit Wasser gefüllten Gefäßes erzeugen kann – von der Beobachtung des Vogelflugs oder der Sterne sowie vom differenzierten,
anatomisch geschulten Studium der Leber eines zu prophetischen
Zwecken geopferten Tiers. Gesucht und verzeichnet wurden sub-
tile Korrespondenzen zwischen Makro- und Mikrokosmos, Spuren des Auffälligen und Singulären, Maße, Proportionen, Analo-
gien und Positionen. Geübt wurde an Lebermodellen aus Ton oder
Bronze, mit differenziert beschrifteten Arealen und Zentren.[7] Wie
im medizinischen Diskurs wurden Symptome zu Diagnosen, und
Diagnosen zu Prognosen verdichtet. Die vielfältigen Lektüren und
Konsultationstechniken verlangten eine bemerkenswerte Strenge
und Genauigkeit. Die Ergebnisse mussten ausgewertet und präzis
festgehalten werden; denn nicht selten wurde der Irrtum des Beraters grausam bestraft. Nach Herodots Bericht wurden die gescheiterten Wahrsager der Skythen, die mit Weideruten zu operieren
pflegten, auf Ochsenkarren geschnallt und mit ihren Reisigbün-
deln bei lebendigem Leibe verbrannt.[8]

Wahrsager und Berater waren einem hohen Irrtumsrisiko ausgesetzt. Kein Rat, keine Prophezeiung, keine Vision kann die Ergebnisse einer Entscheidung zwingend ›erraten‹. Die Folgen einer
Tat lassen sich nur bedingt abschätzen; meistens kommt es anders
als gedacht. »Wie denn oftmals der beste Rat den allerschlimmsten

---

7   Vgl. Axel Langer; Albert Lutz (Hrsg.): *Orakel. Der Blick in die Zukunft*,
Ausstellungskatalog, Zürich 1999, S. 66f.
8   Vgl. Herodot: *Historien* IV, 69, übers. von August Horneffer, Stuttgart
1971, S. 276f.

Ausgang hat«:[9] und natürlich prägt sich diese Erfahrung tiefer ein, als die gegenteilige, nach welcher der schlimmste Rat den allerbesten Ausgang findet. Darum haben Berater schon früh versucht, die Qualitäten ihrer Ratschläge von den Konsequenzen der empfohlenen Taten abzulösen – anders gesagt: die Unwägbarkeiten der Entscheidung in den Unwägbarkeiten des erteilten Rats zu spiegeln. Der Ratschlag musste die Gestalt des Rätsels annehmen, um gedeutet werden zu können. Fortan konnte sich jeder Beratungsprozess in zwei Dimensionen aufspalten, die jeweils aufeinander verwiesen: Im ersten Teil der Beratung wurden mediale, beispielsweise tranceinduzierte, charismatische Kommentare abgegeben, im zweiten Teil wurden diese Kommentare interpretiert. Zuerst sprach die inspirierte Pythia oder Sibylle, danach kamen – in getrennter Konsultation – die Experten für pythische oder sibyllinische Reden zu Wort. Das System des Orakels blieb jahrhundertelang überlebensfähig, weil es ihm offenbar gelang, die Kontingenz der Entscheidungen und Handlungen durch die Kontingenz der Orakelsprüche überzeugend zu substituieren. Als Medium konnte die Instanz der Beratung nicht für Irrtümer belangt werden, denn dessen Sätze waren unverständlich; als Medienexperten konnten die Berater ebenso wenig belangt werden, denn sie kommentierten nicht die Probleme der Besucher des Orakels, sondern einzig und allein die Äußerungen des Orakels selbst.

---

9   Georg Rollenhagen: *Froschmeuseler [1595]*. Erster Teil. 2. Buch I, 4. Herausgegeben von Karl Goedeke, Leipzig 1876, S. 199.

3.

Die Geschichte der griechischen Philosophie kann aus der Perspektive des Bruchs mit System und Institution des Orakels entfaltet werden. Die Position charismatischer Medien (wie sie vielleicht noch Heraklit, der dunkle Weise aus Ephesos, eingenommen haben mag) wurde relativiert durch einen neuen Stand von Beratern, die ohne Pythia, Rauschmittel und Opfertiere auskamen: die Sophisten. Die *eùboulia* der Sophisten wurde auf dem Markt frei angeboten; ihre Beratungskompetenz konnte ›gemietet‹ werden, was ihnen bis heute die üble Nachrede eingetragen hat, käufliche und folglich korrumpierbare Denker gewesen zu sein. Diesen traditionsmächtig schlechten Ruf – der noch zeitgenössische Berater gelegentlich zu erreichen scheint – verdankten die Sophisten einem starken Gegner: der platonischen Philosophie. Seit mehr als zweitausend Jahren wird die griechische Sophistik vorzugsweise mit Platons Augen betrachtet, nämlich als opportunistische Geschäftemacherei, als Flohmarkt der Wahrheiten, als Verdrehung der Philosophie zur Rhetorik. Gegen solche Auffassungen hat erst der Soziologe Friedrich H. Tenbruck zu Recht eingewendet, dass die Sophisten als frühe Vertreter eines modernen, demokratischen Wissenschaftsideals anerkannt werden müssen. »Denn sie setzten […] die Wissenschaft selbst erst in Gang, lösten also eigentlich jene Bewegung aus, welche wir als einmaliges Specificum der griechischen Kultur ansehen, welches später zum Nährboden der modernen Wissenschaft wurde.« Diese Bewegung lasse sich nur verstehen, »wenn man erkennt, dass die Wissenschaft mit der Sophistik begonnen hat. Das hat erst einmal mit den Lehren, welche die Sophisten vortrugen, so gut wie gar nichts zu tun, wohl aber mit der Art und Weise ihres Vortrags, nämlich mit dem Anspruch, dass sich das Wahre aus Rede und Gegenrede öffentlich zwingend ergeben müsse. Darin steckte das völlig neue Konzept eines öffentlichen Wissens, das sich in öffentlicher Begründung erhärten sollte.«[10]

Gegen die Erscheinungsformen dieses »öffentlichen Wissens« hatte Platon mit nachhaltiger Gründlichkeit polemisiert. Hinter dieser Kritik, die als Parteinahme für einen Philosophen auftrat, der seinerseits gar nichts anderes gewesen war als ein Sophist – Sokrates –, verbarg sich allerdings mehr als bloß ein wahrheitstheoretisch legitimierter Affekt gegen Scharlatanerie und Dilettantismus: nämlich ein konkurrierendes Konzept von Beratung. Mehrfach hatte der Heros abendländischer Philosophie (von dem Alfred North Whitehead bekanntlich sagte, er habe zwei Jahrtausende Ideengeschichte zu Fußnoten seiner Dialoge und Briefe degradiert[11]) den Tyrannen von Syrakus beraten. Zuerst hatte er Dionysios den Älteren besucht, der eine ganze Reihe griechischer Dichter und Philosophen an seinen Hof geholt hatte, darunter Pindar, Aischylos, Simonides oder den Pythagoreer Archytas; doch der Besuch scheiterte, und Platon gelang es lediglich, Dion, den Schwager des Dionysios, für seine Lehre zu begeistern. Im Jahre 387 v. Chr. wurde er – offenbar auf Befehl des Dionysios – am Sklavenmarkt von Aigina feilgeboten, wo er von einem gewissen Annikeris losgekauft wurde. Nach dieser Unglücksreise vergingen zwei Jahrzehnte, bevor Platon – nunmehr auf Einladung des eben erst an die Macht gekommenen Dionysios des Jüngeren – erneut zu sizilianischen Abenteuern aufbrach; aber auch dieser zweite Besuch misslang, denn sein Freund Dion wurde verdächtigt, den

---

10 Friedrich H. Tenbruck: »Zur Soziologie der Sophistik«, in: *Neue Hefte für Philosophie 10: Moderne Sophistik*, Göttingen 1976, S. 51–77: 66.
11 Vgl. Alfred North Whitehead: *Prozeß und Realität. Entwurf einer Kosmologie*, übers. von Hans-Günter Holl, Frankfurt/M. 1979, S. 91.

Sturz des Tyrannen vorzubereiten. Platon kehrte 365 nach Athen zurück; von dort aus unternahm er knapp fünf Jahre später eine dritte und letzte Reise nach Syrakus. Diese letzte Reise endete indes ebenfalls – wie alle anderen Fahrten zuvor – mit einem Zerwürfnis zwischen dem Herrscher und dem Philosophen, und einzig die Fürsprache der Freunde, insbesondere des Archytas, ermöglichte Platon die Heimkehr nach Athen; Dion hingegen wurde wenige Jahre später ermordet. Mehr als ein halbes Jahrtausend später erzählte Diogenes Laertius vom Grunddilemma politischer Berater: Platon habe Diogenes von Sinope, den Kyniker, getroffen, »wie er seinen Kohl abspülte; er trat an ihn heran und sagte leise zu ihm: ›Hättest du dich dem Dionysios fügsam erwiesen, so brauchtest du keinen Kohl zu waschen.‹ Dieser aber habe ebenso leise geantwortet: ›Und hättest du dich zum Kohlabspülen herabgelassen, so hättest du dich nicht dem Dionysios dienstbar gemacht.‹«[12]

Platons Akademie wurde nach der ersten Sizilienreise gegründet. Sie fungierte keineswegs nur als esoterische Brüderschaft (wie die pythagoreische Schule), als Geheimbund mit hohen wissenschaftlichen Ansprüchen und religiösen Idealen, sondern auch als eine pragmatische Lehranstalt, in der künftige Staatsmänner und politische Berater ausgebildet wurden. In gewisser Hinsicht repräsentierte die Akademie geradezu die Antwort auf die missglückten Beratungsversuche ihres Begründers. Was auf direktem Wege nicht erreicht werden konnte, sollte über den Umweg des Trainings neuer Führungsgenerationen bewirkt werden. Zu Recht bemerkte Henri Irénée Marrou, die Akademie habe nicht nur als philosophische Schule, sondern auch als Kaderschmiede, als »Seminar für Ratgeber und Gesetzgeber zur Verfügung von Souverä-

---

12 Diogenes Laertius: *Leben und Meinungen berühmter Philosophen.* VI, 58, übers. von Otto Apelt, Hamburg 1990, S. 323.

nen oder Republiken« reüssiert. »Plutarch hat uns das Verzeichnis der Staatsmänner überliefert, die Platon so über die ganze hellenische Welt ausgesandt hat: Dion von Syrakus, Python und Herakleides, die Befreier Thrakiens; Chabrias und Phokion, die großen athenischen Feldherrn; Aristonymos, der Gesetzgeber von Megalopolis in Arkadien, Phormion von Elea, Menedemos von Pyrrha, Eudoxos von Knidos, Aristoteles von Stagira; schließlich Xenokrates, der Ratgeber Alexanders … So lang sie auch ist, diese Liste ist noch unvollständig, denn man muss wenigstens noch Kallipos hinzufügen, den Mörder des Dion von Syrakus, Klearch, den Tyrannen des pontischen Heraklea, und seinen Gegner Chion; Euphraios, der der Ratgeber von Perdikkas III. von Makedonien war, bevor er in seiner Vaterstadt Oreos auf Euböa der Vorkämpfer für die Demokratie und die Unabhängigkeit wurde, Erastos und Koriskos, die Assos regierten und die Verbündeten des Hermias von Atarneus waren, und vielleicht Hermias selbst. Manchmal sieht man die geheimnisvolle Einheit durchschimmern, die die Schüler der Akademie untereinander verband; denn diese Akademie begründete eine Art von Bruderschaft politischer Techniker, deren aufeinander abgestimmte Aktion zur gegebenen Zeit eine Rolle spielen konnte und tatsächlich eine wirksame Rolle in der Geschichte spielte.«[13]

4.

Der Gegensatz zwischen platonischer Akademie und Sophistik lässt sich – nicht weniger als der Gegensatz zwischen der Pythia

---

13 Henri Irénée Marrou: *Geschichte der Erziehung im klassischen Altertum*, übers. von Charlotte Beumann, München 1977, S. 134f.

und den Experten der Orakeldeutung – verallgemeinern. Zwei Grundtypen kennzeichnen die Geschichte der Beratung: die charismatische und die pragmatische Beratung. Die charismatischen Ratgeber überzeugen durch ihre Weisheit und Präsenz, durch ihre suggestive Gewissheit, den richtigen Weg zu kennen; die pragmatischen Ratgeber überzeugen durch ihre Kenntnisse und Erfahrungen. Ein Medium im Orakeltempel – wie die Pythia oder die Sybille – praktiziert charismatische Beratungen, ein Experte zur Deutung von Orakelsprüchen pflegt pragmatische Beratungsbeziehungen. Ein Philosoph im Vollbesitz der letzten und höchsten Wahrheiten strebt charismatische Beratungsverhältnisse an (und zwar selbst dann, wenn er – wie Platon in Sizilien – mehrfach scheitert), ein Sophist auf dem Marktplatz muss dagegen – bei aller rhetorischen Brillanz, die sein Publikum in den Bann schlagen soll – die Pragmatik seiner öffentlich offerierten Ratschläge betonen. Die Reihe dieser Gegensatzpaare lässt sich fortsetzen. Ein Heiliger, beispielsweise ein Apostel oder ein Eremit, fungiert als charismatischer Berater, während ein Seelsorger als pragmatischer Berater auftritt; ein Wunderdoktor gibt charismatische Ratschläge, während der typische Hausarzt pragmatische Empfehlungen äußert. Die Differenz zwischen den beiden Grundtypen der Beratung lässt sich schlicht und einfach daran festmachen, ob und in welcher Weise der Beratungsprozess einen Metadiskurs über die Beratung selbst gestattet. Kein Charismatiker lässt sich fragen, warum und wieso seine Vorschläge angenommen werden sollen, der Pragmatiker hingegen ist gewohnt, auch über Erfolge und Misserfolge seiner Tätigkeit Auskunft zu geben; der Apostel ist von vornherein autorisiert, während der Sophist seine Autorität einem temporären Auftrag verdankt.

Im Fall pragmatischer Beratungen ist die Auseinandersetzung über Ziel und Zweck, Methode und Konzept der aktuellen Beratung ein möglicher Teil des Beratungsprozesses selbst, im Fall der charismatischen Beratungen hingegen nicht. In solchem Sinne können charismatische Beratungen als exklusiv charakterisiert werden, pragmatische Beratungen als inklusiv: Sie schließen den Ratsuchenden entweder aus oder ein. Während die Charismatiker ihre Inspirationsquellen geheimhalten, ihre Arbeitstechnik mystifizieren, den Kontakt zu den Ratsuchenden auf wenige, intime und eindrucksvolle Augenblicke reduzieren müssen, suchen die Pragmatiker die Öffentlichkeit, berufen sich auf Lehrer und bisherige Referenzen, operieren mit Kosten-Nutzen-Relationen und bemühen sich um die Entwicklung dauerhafter Gesprächs- und Geschäftskontakte mit ihren Klienten. Dem Geheimnis kontrastiert die Teilhabe, dem Mysterium die Partizipation. Diese Gegenüberstellung schließt keine Bewertung ein. Denn es ist umstandslos möglich, Probleme auszumalen, die geradezu nach einem heilsamen Wort – *ohne Wenn und Aber* – verlangen, während es ebenso gut möglich ist, Fragen nach einem Rat zu imaginieren, die ein geduldiges Abwägen und Differenzieren möglicher Alternativen benötigen, doch keine Zauberformeln. Manche Ratschläge bedürfen der Öffentlichkeit: etwa ein Pressekommentar zu einer anstehenden politischen oder ökonomischen Entscheidung, ein wissenschaftliches Expertengutachten oder eine Sammlung von Lebensweisheiten; andere Ratschläge wiederum, beispielsweise medizinische, juristische oder theologische Empfehlungen, lassen sich bloß unter vier Augen, gleichsam in einer Vertrauenssituation, artikulieren. In diese Richtung zielte auch der arabische Philosoph und Sufi-Mystiker Al Ghasâli, wenn er lehrte: »Was unter vier Augen sorgende Liebe und guter Rat ist, wird in Gegenwart anderer zu Beschimpfung und Beschämung. – Öffentliche Ermahnung bedeutet Bloßstellung.«[14]

Die Unterscheidung zwischen charismatischen und pragmatischen Beratungen lässt sich auch an dem Risiko exemplifizieren, dem die jeweiligen Ratgeber ausgesetzt und unterworfen sind. Ein charismatischer Berater kann nicht widerlegt werden; wenn er tatsächlich scheitert, so scheitert er vollständig, ohne die Chance auf einen Teilrückzug wahrnehmen zu können. Ein blamierter Prediger ist gar kein Prediger mehr, im Unterschied zum Exegeten eines heiligen Textes, der seine Irrtümer einsehen und korrigieren kann; die römische Orakelkritik führte zum Untergang – und nicht zu einer Revision – der divinatorischen Praktiken.[15] Ein pragmatischer Berater kann dagegen leicht und oft widerlegt werden, was ihn zwar strategisch angreifbar erscheinen lässt, ihm aber auch eine gewisse Flexibilität schenkt. Gerade weil er selbst am Risiko seiner Klienten partizipiert, kann er die Klienten am eigenen Risiko partizipieren lassen. »Man muss den, der rät, kritisch prüfen, ob er auch sein eigenes Risiko mit seinem Rat verbindet.«[16] Irrtümer stehen in einem Verhältnis zu den Ratschlägen, das der Beziehung zwischen den Ratgebern und den Ratsuchenden strukturell ähnelt. Der gute Rat entspringt den Niederlagen, aus denen die richtigen Einsichten gewonnen werden; in ihm verkörpert sich die Gewissheit, dass der Wunsch, den Irrtum auszuschließen, den größten Irrtum in Kauf nimmt und begeht. Solche Einsichten brauchen freilich Zeit, die Wahrnehmung jener Verzögerungen,

14 Al Ghasâli: *Das Elixier der Glückseligkeit*, übers. von Helmut Ritter, 2. Aufl., Düsseldorf, Köln 1979, S. 122.
15 Vgl. Marie Theres Fögen: *Die Enteignung der Wahrsager. Studien zum kaiserlichen Wissensmonopol in der Spätantike*, Frankfurt/M. 1993.
16 Publius Cornelius Tacitus: *Historien*. II. Buch, übers. von Walther Sontheimer, Stuttgart 1959, S. 76.

die – ebenso wie die Irrtümer – einen Beratungsprozess überhaupt erst gestalten und prägen. Nur der charismatische Berater hat keine Zeit: Er hält es mit dem richtigen Augenblick: dem *Kairos*, der seinem Wort die optimale Wirkung sichert. Manchmal kann der richtig gewählte Zeitpunkt eines Kommentars, einer Intervention, wahre Wunder bewirken: aber diese Wunder ereignen sich vielleicht häufiger im Verlauf eines subtil und geduldig begleiteten Gesprächs, als bloß aufgrund der spontanen und intuitiven Einsichten des Beraters.

5.

Die Ideengeschichte der Beratung wird von Differenzen und Widersprüchen strukturiert, die einander wechselseitig voraussetzen. Die Fähigkeit, den Rat anderer Menschen einzuholen, hängt zusammen mit der Fähigkeit, mit sich selbst zu Rate zu gehen; die Neigung zum geheimen, etwa im Rahmen einer Akademie oder einer klösterlichen Brüderschaft erteilten Rat korrespondiert dem Angebot öffentlicher Beratung, das die Sophisten so überzeugend verkörperten. Charismatische Ratschläge lassen sich den pragmatischen Ratschlägen gegenüberstellen. Dem Typus der prozessorientierten, zeitaufwendigen Beratung entspricht der konträre Typus des epiphanischen, im richtigen Augenblick ausgesprochenen Rats (etwa während einer therapeutischen Sitzung). Exklusive und inklusive Beratungsbeziehungen lassen sich ebenso deutlich unterscheiden wie beispielsweise die Beratung, die einen Entschluss beschleunigt – nach dem Motto aus Henrik Ibsens dramatischem Gedicht *Brand*: »Es prägt sich *eine* Tat mehr ein denn tausendfacher Rat«[17] – und die Beratung, die eine Entscheidung verzögert und aufschiebt. Eine der wichtigsten Differenzen, die sich in einem Beratungsprozess ausdrückt, betrifft schließlich das Verhältnis zwischen den Formen direkter und indirekter Kommunikation, den Organisations- und Formalisierungsgraden einer Beratung. So repräsentiert die Grand Jury eines Schwurgerichtsprozesses ein formelles, organisiertes Beratungssystem, das sich komplementär zum vertraulichen Gespräch zwischen dem Anwalt und seinem Klienten verhält. Die geregelte Ratsversammlung in einer Gemeinde oder im Parlament verweist auf die informellen Konsultationen, die den Prozess politischer Entscheidungsfindung hinter den Kulissen begleiten; jede Verhandlung wird durch die privaten Begegnungen – Waldspaziergänge oder Cocktaildialoge – der beteiligten Diplomaten supplementiert.

Die Geschichte der Beratung lässt sich systemtheoretisch als ein Wechselspiel zwischen interner und externer Positionierung des Ratgebers interpretieren. Das Bedürfnis nach Vertraulichkeit, Intimität und Kontinuität von Konsultationsbeziehungen erzeugt zunehmend eine immer bessere Integration der Ratgeber in das System, das sie beraten sollen, – was irgendwann dazu führt, dass die Berater über dieses System nur mehr genauso viel wissen wie ihre ratsuchenden Auftraggeber selbst. Sie verlieren das Gefühl für die blinden Flecken, den ›sechsten Sinn‹, der jene Außenseiter charakterisiert, die aus einer ungewohnten, fremdartigen Perspektive auf einen bestimmten Kontext blicken; plötzlich sind sie ebenso beratungsbedürftig wie ihre Klienten – und müssen ihrerseits Berater der Beratung engagieren. Umgekehrt kann ein Berater, der

---

17 Henrik Ibsen: *Brand. Ein dramatisches Gedicht*, übers. von Christian Morgenstern, in: *Sämtliche Werke in fünf Bänden,* Bd. II, Berlin 1911, S. 245–419: 279.

sich aus den eben geschilderten Gründen der Integration in das
System seines Klienten verweigert, allzu leicht seinerseits zum Re-
präsentanten einer (ohnehin stets latent feindseligen) Außenwelt
promoviert werden. Der Consigliere Tom Haigen in Mario Puzos
Roman *Der Pate* investiert seine Kompetenz und seine Karriere
in die Beziehung zur Familie Don Corleones, – aber irgendwann
wird er ausgegrenzt, weil er kein wirkliches Mitglied dieser Familie ist. Blut oder Wasser, Geburt oder Taufe, Vater oder Pate? Spätestens ab dem Moment der Entscheidung gegen den Consigliere
droht die enge Beziehung der Beratung umzuschlagen, als würde
ein zu hohes Maß an Intimität und Vertrautheit geradezu von
selbst korrumpieren. Karl IX., der Vater Gustaf Adolfs, soll seine
Kammerbediensteten bereits mit dem Ausdruck tiefsten Miss-
trauens eingestellt haben, indem er sie fragte: *Ergo coronae fur fieri
cupis?* – »Willst auch du ein Dieb der Krone werden?« Obendrein
soll er gerne behauptet haben, ein Berater, der ihm sechs Jahre
auf einem Kammerposten gedient habe, könne »ohne weitere Untersuchung, ohne alle Verletzung der Gerechtigkeit« umstandslos
aufgehängt werden.[18] Die Liste der gescheiterten, gelegentlich mit
dem Tode bedrohten oder hingerichteten Berater ist folgerich-
tig lang: Sie reicht von Platon bis Francis Bacon, von Seneca bis
Thomas Morus, von Machiavelli bis Leo Trotzki; aber diese Liste
referiert keine Genealogie des Verrats oder der Paranoia, sondern
ein systemimmanentes Problem der Dynamik von Beratungsbeziehungen.

  Dieses systemimmanente Problem – nennen wir es schlicht:
den Widerspruch zwischen Vertrauen und Kompetenz – hat die
Professionalisierungsgeschichte der Beratung dauerhaft begleitet:
einerseits durch die Förderung von Regulierungen, Strukturen

---

18 Vgl. Willi Pumin (Hrsg.): *Anekdotenlexikon*, Frankfurt/M. 1984, S. 81.

und Organisationsformen, die überhaupt erst die Entstehung von Berufspolitik (im Sinne Max Webers), Rechts- und Verwaltungsordnungen ermöglichte, andererseits durch die immer wieder neu erzeugte Begeisterung für den radikal externen, gleichsam ›systemfreien‹ Guru als Berater. Bis zum heutigen Tag können Berater mit Argumenten reüssieren, die ihre Qualitäten als Experten von innen (als Insider) hervorheben; aber sie können ebenso gut mit Argumenten reüssieren, die ihre Position als Außenseiter, ihre geradezu ethnologisch-therapeutische Wahrnehmungsdistanz unterstreichen. In zahlreichen Kulturen wurde betont, dass der beste Rat oft aus der fernsten Position erteilt wird. So hieß es im pharaonischen Ägypten: »Sei nicht stolz auf dein Wissen, und vertraue nicht darauf, dass du ein Gelehrter seiest. Hole dir Rat bei dem Unwissenden wie bei dem Wissenden; denn es gibt keine Grenze für die Kunst, und kein Künstler besitzt Vollkommenheit. Eine gute Rede ist versteckter als der grüne Edelstein, und doch findet man sie bei den Sklavinnen über den Mühlsteinen.«[19] In einer indischen Fabelkollektion zur Prinzenerziehung aus dem dritten nachchristlichen Jahrhundert wurde gelehrt: »Edle Tat und klugen Rat soll man achten, auch wenn sie bei Unachtbaren gefunden werden; denn oft bringt Verachtetes Nutzen, wie man aus weggeworfenen Därmen eines toten Tieres Saiten macht, damit dem König zur Kurzweil darauf gespielt werde, oder die Sehne eines Bogens, dass er sich im Streit damit schütze.«[20] Und die chinesische Liedersammlung *Shi-King* (zwischen 800 und 600 v. Chr.)

---

19 Zitiert nach Adolf Erman: *Die Literatur der Ägypter. Gedichte, Erzählungen und Lehrbücher aus dem 3. und 2. Jahrtausend v. Chr*, Leipzig 1923, S. 88.
20 Pantschatantra: »Die Fabel von dem Löwen und dem weißen Stier«, in: Bidpai: *Das Buch der Beispiele alter Weisen*, Berlin 1926, S. 39.

empfahl: »Goldnes Kleid, du brauchst dich nicht zu schämen, Rat von Lumpen anzunehmen.«[21] – Gerade hinter Mühlsteinen, Därmen oder Lumpen können sich wichtige Einsichten verbergen; und just die prominenten Narren, wie der bereits zitierte Diogenes von Sinope, der heilige Symeon Stylites oder der Ritter von La Mancha werden bis heute gern als die eigentlichen Ratgeber gepriesen.

6.

Im Mittelalter pflegte die Unterscheidung zwischen charismatischen und pragmatischen, internen und externen Beratungen in Gestalt der Differenz zwischen unbedingten (göttlichen) und bedingten (menschlichen) Ratschlüssen aufzutreten. Gott durfte nicht als beliebiger Ratgeber gedacht werden: Seine Empfehlungen für ein gutes und gerechtes Leben galten als Gebote, nicht als Regeln oder Tips; sie wurden als *praecepta* von den *consilia*, den Ratschlägen, abgegrenzt. In diesem Sinne schrieb Augustinus (im *Enchiridion*) von der sexuellen Enthaltsamkeit, sie sei nicht strikt befohlen (wie das Verbot des Ehebruchs), sondern »nur als geistlicher Rat ans Herz«[22] gelegt; und Gregor von Nazianz bemerkte in einer Kampfrede gegen Kaiser Julian: »Weisester und verständigster Julian, […] weißt du nicht, dass die einen Vorschriften unseres Gesetzes [nämlich die *praecepta*] verpflichtende Kraft haben, so dass ihre Übertretung Strafe nach sich zieht, während die anderen

---

21 Vgl. *Schi-King. Chinesisches Liederbuch,* übers. von Friedrich Rückert, Altona 1833, S. 303.
22 Aurelius Augustinus: »Enchiridion«, *übers.* von Sigisbert Mitterer, in: *Bibliothek der Kirchenväter*, Bd. 49, München 1925, S. 387–502: 501.

[nämlich die *consilia*] nicht verpflichten, sondern freie Wahl lassen, so dass ihre Beobachtung zwar Ehre und Lohn einträgt, ihre Vernachlässigung aber nicht die geringste Strafe verursacht?«[23] Als die wichtigsten *consilia* sollten sich im Laufe der Jahrhunderte die drei ›evangelischen Ratschläge‹ der monastischen Lebensformen herausstellen: die Wahl der lebenslangen Armut, Keuschheit und der gehorsamen Unterwerfung unter ein geistliches Oberhaupt. Von der Armut schrieb beispielsweise Johannes Chrysostomus: »Aber, heißt es, der Herr hat befohlen, das Vermögen zu opfern. Das ist also eine Last? Zunächst hat er das gar nicht geboten, sondern nur geraten. Allein, wenn es auch ein Gebot wäre, ist es denn so schwer, ohne Bürde und ungelegene Sorgen zu leben?«[24] Erst in der Hochscholastik wurde die Theorie der *consilia* systematisch strenger gefasst; so behauptete Thomas von Aquin in seiner *Summa Theologiae*, das *consilium* bestehe in Untersuchungen der Vernunft »über die Dinge, die zu tun sind«, und zwar in der Art eines »Vergleichs, den mehrere anstellen. Ein Zeichen dafür ist auch das Wort selber: man spricht nämlich von consilium gewissermaßen als einem considium deswegen, weil viele zusammen sitzen zu einer gleichzeitigen Zusammentragung.«[25]

Während die Kirche im Mittelalter von der Differenz zwischen *praecepta* und *consilia* ausging, wurde das profane Verständnis

---

23 Gregor von Nazianz: »Erste Kampfrede wider Kaiser Julian«, übers. von Philipp Haeuser, in: *Bibliothek der Kirchenväter*, Bd. 59, München 1928, S. 71–158: 137f.

24 Johannes Chrysostomus: *Matthäus-Kommentar*. 90. Homilie, übers. von Johannes Chrysostomus Baur, in: *Bibliothek der Kirchenväter*, Bd. 27, München 1916, S. 228–238: 233.

25 Thomas von Aquin: *Summe der Theologie*, übersetzt, zusammengefasst und herausgegeben von Joseph Bernhart, Bd. II: Die sittliche Weltordnung. XIV. Untersuchung, Leipzig 1935, S. 97f.

der Beratung in der Doppelformel *consilium et auxilium*, Rat und Hilfe (oder auch »Schutz und Schirm«), zum Ausdruck gebracht. Mit dieser Formel wurden jene reziproken Beziehungen und Verpflichtungen zwischen Herrschern und Untertanen artikuliert, die beispielsweise im Falle von Beglaubigungen und Beurkundungen aktualisiert werden konnten. Wer häufiger zur Bezeugung fürstlicher Maßnahmen berufen wurde, mochte sich – vom Ende des 12. Jahrhunderts an – den Titel eines *consuls*, eines *consiliarius*, eines *Rats* erwerben. In solcher Ernennung drückte sich freilich noch keine Amtseigenschaft, sondern lediglich eine persönliche Beziehung zum Lehnsherrn aus (die übrigens nicht in der Familienzugehörigkeit bestehen musste). Erst ab der Mitte des 14. Jahrhunderts verfügten die Landesfürsten nicht bloß über gelegentliche, sondern auch über tägliche Räte, die alle höfischen Geschäfte und die landesherrliche Politik mitbestimmten; und neben die ›geschworenen‹ Räte traten die ›geheimen‹ Räte, die *secretarii*. In der zweiten Hälfte des 15. Jahrhunderts kam es zu weitreichenden Institutionalisierungsprozessen, als Ernennungsprozeduren, Zuständigkeitsbereiche und Loyalitätszwänge langsam formalisiert und normiert wurden. Der Rat transformierte sich allmählich zur kollegialen Behörde; zugleich gewannen die gelehrten Räte (insbesondere die Kleriker-Juristen) einen gewissen Einfluss gegenüber dem Stand der adeligen Räte. Auch die Stadträte gewannen ein selbständiges Profil; unter Führung des Bürgermeisters organisierten sie das Gerichtswesen, die Finanzverwaltung, die – seit dem Spätmittelalter von den Zünften geprägte – Handels- und Gewerbeaufsicht sowie das Militärwesen und die öffentliche Ordnung.

Unter den Bedingungen solcher Professionalisierung konnten die möglichen Stile und Etiketten der Beratung differenzierter wahrgenommen und diskutiert werden; Schmeichler und Hoch-

stapler mussten ebenso kritisierbar gemacht werden wie selbst-
herrliche und arrogante Fürsten. Im Sinne solcher Verhaltensleh-
ren reklamierte Francis Bacon die »Schattenseiten« der Beratung,
die sich aus mangelhafter Geheimhaltung oder aus illoyalen und
eigensüchtigen Ratschlägen ergeben könnten,[26] während Machiavelli darauf bestand, dass gute Ratschläge dem fürstlichen Prestige
nicht schaden könnten, solange sich ihnen nachsagen lasse, dass
sie »aus der Klugheit des Fürsten entspringen, und nicht seine
Klugheit aus guten Ratschlägen«.[27] Bei aller Distanz gegenüber
den schlechten Ratgebern – die Dante bekanntlich in den achten
Höllenkreis verbannte[28] – wurde nicht darauf vergessen, auch die
Fürsten zu ermahnen, es schade nicht, guten Rat zu suchen und
anzunehmen, es bezeuge Größe und keine Schwäche, nicht alles
besser wissen zu wollen: »Ein Fürst muss sich daher stets beraten
lassen; aber nur, wenn *er* will, nicht wenn die andern wollen. Vielmehr muss er jedem den Mut nehmen, ihm irgendeinen Rat zu
geben, wenn er ihn nicht darum gefragt hat. Aber er selbst muss
reichlich Rat begehren und darf nicht müde werden, die Wahrheit
anzuhören.«[29] Auch Montesquieu resümierte – mehr als zwei Jahrhunderte nach Machiavelli – die *consilia* der neuzeitlichen Macht:
die Klugheitsregeln, die von den *praecepta* der moralischen Pflich-
ten unterschieden werden sollten, als *allgemeine Grundsätze der
Politik*; und er vergaß nicht, die Fürsten vor den Schmeichlern zu

---

26 Francis Bacon: »Über das Beraten«, in: *Essays oder praktische und moralische Ratschläge.* Herausgegeben von Levin L. Schücking und übersetzt von
Elisabeth Schücking, Stuttgart 1970, S. 68–74: 70f.
27 Niccolo Machiavelli: *Der Fürst,* übers. von Ernst Merian-Genast, Stuttgart 1961, S. 132.
28 Vgl. Dante Alighieri: *Die Göttliche Komödie.* Inferno: XXVI. und XXVII.
Gesang, übers. von Wilhelm G. Hertz, 7. Aufl., München 1994, S. 114–123.
29 Machiavelli: *Der Fürst,* a.a.O, S. 131.

warnen, aber auch vor der Einsamkeit. »Der Fürst soll sich seinen Höflingen mitteilen, nicht so weit, dass er seiner Würde etwas vergibt, aber so weit, um zu empfinden, dass er mit Menschen zusammen lebt. […] Jedermann weiß, welcher Mühe es bedurfte, um einen großen Monarchen [nämlich Ludwig XIV.] am Ende seines Lebens drei bis vier Stunden täglich zu unterhalten. Um dieser Langeweile zuvorzukommen, sollen die Fürsten sich nicht immer nur Höflinge, sondern auch Freunde schaffen.«[30] Wer allerdings kein Vertrauen zu seinen Untertanen und Beratern empfinden kann, soll sich an die älteren Freunde halten: an die Bücher, an die Ratschläge der Toten, von denen auch Bacon sagte: »Optimi consiliarii mortui«.[31] Folglich müssen die Fürsten »früh Geschmack am Lesen finden. Bücher sind nach dem Verlust der Leidenschaften eine große Hilfe, und im übrigen sind die Stimmen der Toten die einzigen, die treu sind.«[32]

7.

Seit dem Tod des Grafen Montesquieu (am 10. Februar 1755) sind mehr als zweihundertfünfzig Jahre vergangen. In dieser Zeitspanne hat nicht die fürstliche oder zivil-bürokratische Skepsis gegenüber den Licht- und Schattenseiten der Beratung triumphiert; vielmehr hat sich die institutionalisierte *eùboulia* in geradezu beispielloser Geschwindigkeit verbreitet und ausdifferenziert. Beratung kann zu Recht als eine elementare Signatur der Moderne

---

30 Charles-Louis Secondat de Montesquieu: *Vom glücklichen und weisen Leben* , übers. von Erwein Freiherr von Aretin, Zürich 1990, S. 101f.
31 Bacon: »Über das Beraten«, a.a.O., S. 73.
32 Montesquieu: *Vom glücklichen und weisen Leben*, a.a.O., S. 102.

betrachtet werden: kaum ein System der gegenwärtigen Welt, das *nicht* seine eigenen Beratungsinstitute unterhält – von der Steuerberatung bis zur Studienberatung, von der Unternehmensberatung bis zur Heiratsberatung, von der Lebensberatung bis zur Berufsberatung, von der EDV-Beratung bis zur Mieterberatung, von der Familienberatung bis zur Konsumentenberatung, von der Frauenberatung bis zur Rechtsberatung, von der Trendberatung bis zur medizinischen Beratung, von der Militärberatung bis zur Drogenberatung. Die Liste ließe sich mühelos verlängern. Wir leben in einem Zeitalter der Beratung, in einer Epoche der metastasierenden Konsultationsbedürfnisse und -angebote. Kaum eine mögliche Tat im Horizont spätindustrieller Gesellschaften wird ohne zugehörigen Rat, ohne Empfehlungen und Gebrauchsanweisungen, geplant und ausgeführt; insbesondere in der Wirtschaft gilt der Satz des Großwesirs Nizām al-Mulk, der bereits im elften Jahrhundert konstatierte: »Es zeugt von Geistesschwäche, in den Geschäften keinen Rat anzunehmen.«[33] Ratgeber gewinnen jede Quotenkonkurrenz. Im Segment der Sachbücher werden die Bestsellerlisten so gnadenlos von Ratgeber-Literatur dominiert, dass manche Zeitschrift inzwischen dazu übergegangen ist, Sachbücher und Ratgeber getrennt zu bewerten; auch im Internet blühen die Foren und Blogs, die zu jeder relevanten Frage Ratgeber und Ratsuchende aneinander vermitteln. Daneben haben sich die Berater in eigenen Berufsvereinigungen zusammengeschlossen, um die Standards und Normen ihrer vielfältigen Aufgaben und Funktionen angemessen wahrnehmen zu können.

---

33 Nizām al-Mulk: *Siyāsatnāma. Gedanken und Geschichten,* übers. von Karl Emil Schabinger von Schowingen, Freiburg i. Br., München 1960, S. 193.

Der Beratungsboom ist umso erstaunlicher, als er auf eine lange Geschichte der Ausgrenzung und Delegitimation bezogen werden kann. Im Zuge der Institutionalisierung und methodischen Konstitution moderner Wissenschaften, der Gründung von Universitäten und Akademien, wurde das konsiliarische Wissen mit ähnlichem Misstrauen betrachtet wie zu Zeiten Platons die Sophistik. Selbst Psychologie oder Pädagogik wollten rasch das Ansehen einer Experimentalwissenschaft – mit prognostischem Potenzial – gewinnen; Natur- und Sozialwissenschaften entfalteten Strategien wissenschaftlicher Zukunftskalkulation, wie sie aus der Wahrscheinlichkeitsrechnung entwickelt werden konnten. Seit dem 17. Jahrhundert hatten Mathematiker und Philosophen wie Pascal oder Huygens, später gefolgt von Leibniz oder Gauß, die Wahrscheinlichkeitsrechnung perfektioniert. In gewisser Hinsicht machten sie die Zukunft berechenbar, jedoch mit einer wesentlichen Einschränkung. Ihre Operationen galten nämlich nur für große Zahlen. Die Kontingenz zukünftiger Ereignisse wurde gleichsam durch ihre massenhafte Vervielfachung gemindert. Wer nur einmal würfelt, kann nicht voraussagen, welche Augenzahl er treffen wird; wer dagegen millionenmal würfelt, kann von einer annähernd gleichgewichtigen Verteilung der Würfelaugen ausgehen. Wann ein Individuum sterben wird, lässt sich nicht genau voraussagen; die Lebenserwartung – eigentlich Sterbeerwartung – einer Population von achtzig Millionen kann dagegen ziemlich genau kalkuliert werden. Das Rätsel der Zukunft wurde gleichsam auf eine Frage der Größenordnung von Datenmengen reduziert. Auf Basis moderner Mathematik, Statistik und Datenerfassung konnten die neuen Institutionen staatlicher Zukunftsverwaltung begründet werden: von den Systemen der Bildungs- und Wirtschaftspolitik bis zu den Kranken- und Rentenversicherungsanstalten. Freilich wurden die Datenmengen auch manchmal zu groß und unübersichtlich: Die exakte Vorhersage des Wetters scheitert allzu oft immer noch – ebenso wie die Prognose eines Wahlergebnisses oder einer ökonomischen Konjunktur – an der Vielzahl der verfügbaren Daten und der Berechnung ihrer möglichen Wechselwirkungen. An den beiden Grenzen, die sich aus einer zu kleinen – bis zum Einzelfall – oder zu großen Datenmenge ergeben, haben sich darum erfolgreich die Nischen gebildet, in denen die älteren Techniken der Zukunftsschau bis heute überleben: Orakel, Visionen, Prophezeiungen und Utopien. Von ihrer Unverzichtbarkeit profitieren nicht nur Astrologen oder Therapeuten, sondern auch die Berater und Trendforscher.

Die gegenwärtigen Gesellschaften sind gleichsam mit einer »neosophistischen Lage« konfrontiert. Steigende Komplexität erzeugt steigenden Beratungsbedarf, der wiederum (und nicht zuletzt, um sich selbst alimentieren und legitimieren zu können) zu neuerlichen Komplexitätssteigerungen beiträgt. Die wechselseitige Potenzierung von Orientierungsverlust und Orientierungsangebot erzeugt einen Strudel der Möglichkeiten und alternativen Optionen, der nicht erst seit gestern Beratungen über Beratungen, Gebrauchsanweisungen für Gebrauchsanweisungen, erzwingt: eine Vielfalt von Selbstvergewisserungschancen, die einander wechselseitig relativieren und aufzuheben drohen. Offen bleibt nämlich, wie die zirkulierenden Ratschläge ineinander übersetzt und integriert werden können: Politiker und Unternehmer klagen häufig über Experten, die alle denkbaren Handlungsoptionen begründen; zum Ende differenzierter, skrupulös entfalteter Zweifel und Konsultationsbemühungen siegt dann nicht selten ein kruder Dezisionismus, der die Empfindung einer hochkulturellen *overprotection* konterkariert. Dabei weiß jede zeitgenössische Beratung von der Vielfalt möglicher Haltungen, Stile und Erfahrungen, die schlechthin keine Generalisierung, keine einfachen Antworten mehr verträgt. Beratungen sind – mit Kant gesprochen – Prozesse reflektierender Urteilskraft, die sich, im Gegensatz zu den Versprechungen der Statistik und einer wissenschaftlich konsolidierten Prognostik, nur begrenzt von den konkreten Situationen und Fallgeschichten ablösen lassen. Beratungen sind vielgestaltig, abhängig von konkreten Situationen; im Wechselspiel von Vertrauen und Skepsis, geheimen und öffentlichen Gesprächen, charismatischen oder pragmatischen Lösungsversuchen entfalten sie eine Buntheit, die sich nicht leicht in Regeln und Maßstäbe integrieren lässt. In gewisser Hinsicht ähneln die Beratungsprozesse einem Spiel, dessen Regeln noch nicht definiert werden konnten; sie gleichen den »Sprachspielen«, die Wittgenstein gerne mit Wanderungen durch Städte oder Wälder – aber mit ungenauen Karten – verglichen hat. Zum Ende erreichen nicht wenige Ratschläge, gleichgültig ob in der Wirtschaft oder in einer therapeutischen »talking cure«, den Ort, an dem der Rat wieder zum Rätsel konvertiert: »Es ist als hätte ich mich verirrt und fragte ich jemand nun den Weg nach Hause. Er sagt, er wird mich ihn führen und geht mit mir einen schönen ebenen Weg. Der kommt plötzlich zu einem Ende. Und nun sagt mein Freund: ›Alles, was Du zu tun hast, ist jetzt noch von hier an den Weg nach Hause finden‹.«[34]

---

34 Ludwig Wittgenstein: »Vermischte Bemerkungen«, in: *Werkausgabe*, Bd. VIII, Frankfurt/M. 1984, S. 515.

Lea Hartung

»Half-an-idea machine«
Die *Mont Pèlerin Society* zwischen Gelehrten-Gesellschaft
und Think Tank

In der Lehrer-Zeitschrift *The English Journal* vom September 1976
wird ein Lernspiel mit dem klingenden Namen »The Think Tank
Mind-Development Program« rezensiert. Die 13.000 Wortkärt-
chen enthaltende Plastik-Kugel soll das »unorthodoxe, assozia-
tive Denken«[1] befördern, das neue Gedanken hervorbringt, statt
alte nachzuzeichnen. Eine der zu trainierenden Tätigkeiten lautet
»Entscheidungen treffen«, dazu heißt es: »Formuliere mit zufällig aus dem *Think Tank* gezogenen Worten eine Schlagzeile für
eine überregionale Zeitung, die – wenn sie wahr wäre – den Lauf
der Geschichte verändern könnte.« Weiter wird vorgeschlagen:
»Durchsuche den *Think Tank* nach Worten, die dir helfen, einen
raschen und einflussreichen Aktionsplan zu erstellen. Schreibe die
Worte auf, die dir helfen könnten und notiere neben ein jedes eine
Idee, die dir durch den Kopf geht.« Unter der Rubrik »Probleme
lösen« wird geraten »Wähle eine Person aus Geschichte oder Literatur, die von dem *Think Tank* hätte profitieren können, um ein
bestehendes Problem zu lösen.« Die Spielanleitung beschwört:
»Worte sind mächtige Dinge! Sie wurden von Diktatoren benutzt,
um Massen in gewalttätige Mobs zu verwandeln. Sie wurden von
Politikern am Vorabend von Wahlen eingesetzt, um Wähler zu

1   Alle folgenden Zitate aus: Carol Kuykendall: »The Think Tank Mind-
Development Program by Carman W. Cantelon«, in: *The English Journal*,
65/6 (1976), S. 77. [Übers. L.H.]

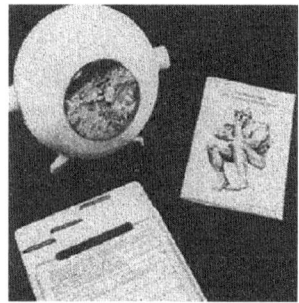

Abb. 1: Das Lernspiel »The Think
Tank Mind-Development Program«,
in: *The English Journal*, 65/6 (1976),
S. 77.

beeinflussen. […] Der *Think Tank* enthält viele mächtige Wörter.
Wörter, die dazu benutzt werden können, zu überzeugen, zu bein-
flussen, zu verändern, zu überreden.«

1983 findet das 36. transnationale Treffen der *Mont Pèlerin
Society* in Vancouver statt. Dort hält Lord Harris of High Cross
einen Vortrag mit dem bescheidenen Titel »Let's change the
world«, und beginnt die Rede mit den Worten: »Suppose you had
the bright idea of trying to change the entire course of economic
policy, if not of national and international history. How might you
start?« Wenig später gibt er die Antwort: »Hayek's advice was that
the best way to try and change the ideas that governed the climate
of opinion was by seeking out sympathetic intellectuals to form an
independent, scholarly research institution. Its first priority would
be to supply universities, schools, journalists, broadcasters with
instructive studies applying market analysis to practical economic
issues of public and business policy.«[2]

---

2   Harris, Ralph: »Let's change the world«, Vortragstyposkript, Regional
Meeting, Vancouver, 1983, Hoover Institution Archives, Mont Pèlerin Society Records (im Folgenden: HIA MPS), 25/4 (Box/Ordner), 6 S.: hier S. 1.

Das Modell eines Think Tanks, im Spiel verkörpert, und die Beschreibung der *Mont Pèlerin Society* durch Ralph Harris weisen entscheidende Parallelen auf: eine räumliche und organisatorische Schließung in Kombination mit einer Offenheit des Verfahrens; das Konzept eines interventionistischen Wissens in Form der Überzeugung, dass Ideen die Welt verändern; und ein Denken des Möglichen, das es erlaubt, ›Undenkbares zu denken‹.[3] Um die *Mont Pèlerin Society* als Think Tank beschreiben zu können, sei zunächst ein kurzer Überblick über die Geschichte der *Society* gegeben, dem eine Darstellung der allgemeinen Begriffsgeschichte und des in den Sozialwissenschaften aktuellen Think-Tank-Begriffs folgt.

Historischer Abriss zur *Mont Pèlerin Society*

Seit den 1920er Jahren bemühten sich verschiedene Ökonomen, einen ›neuen Liberalismus‹ in Abgrenzung zum diskreditierten »Laissez-faire«- oder »Manchester-Liberalismus« zu entwickeln. Das erste internationale Treffen fand 1938 mit dem »Colloque Walter Lippmann« in Paris statt, während dessen dreitägigen Verlaufs unter anderem der Begriff »Neoliberalismus« für das gemeinsame Projekt festgelegt wurde. Es konnte jedoch erst nach der Zäsur des Zweiten Weltkriegs wieder aufgenommen werden.[4] Die Bemühungen mündeten im April 1947 in das Gründungstreffen auf dem Mont Pèlerin oberhalb des Genfer Sees. Auf Einla-

---

3 Vgl. Herman Kahn: *Thinking About the Unthinkable*, London 1962.
4 Vgl. Berhard Walpen: *Die offenen Feinde und ihre Gesellschaft. Eine hegemonietheoretische Studie zur Mont Pèlerin Gesellschaft*, Hamburg 2004, S. 56ff.

Abb. 2: Das Gründungstreffen auf dem Mont Pèlerin, Schweiz,
links: Friedrich August von Hayek, Quelle: *Hoover Institution Archives*,
Mont Pèlerin Society Records, Box 64, Mappe 1.

dung von Friedrich von Hayek waren unter den 39 Teilnehmern
u. a. so maßgebliche liberale Denker wie Karl Popper, Michael
Polanyi, Ludwig von Mises, William Rappard, Walter Eucken
oder Wilhelm Röpke und mit Milton Friedman, Maurice Allais,
George J. Stigler und von Hayek selbst vier spätere Wirtschafts-
nobelpreisträger. Frauen waren lediglich in der Funktion von
Ehefrauen zugegen und machen später ca. 5% der Mitglieder aus.
Dass viele Mitglieder der *Society* ›große Namen‹ tragen, mag die
Frage aufkommen lassen, welche Rolle deren Netzwerk für ihr
Wirken gespielt hat.

Das am Ende des zehntägigen Treffens verabschiedete »Statement of Aims«[5] steckt den inhaltlichen Rahmen von freier Gesellschaft, freiem Markt, Wettbewerbsprinzip und »Redefinition
der Funktion des Staates« ab und repräsentiert damit die breiteste Plattform neoliberalen Denkens. Darüber hinaus sind darin
Grundzüge, Arbeitsweisen und Ziele des transnationalen Netzwerks *Mont Pèlerin Society* (MPS) skizziert, das über die Jahre
kontinuierlich anwuchs und heute über 500 Mitglieder in über
30 Ländern (mit Schwerpunkt Nordamerika/Europa) umfasst.
Der Selbstdarstellung zufolge ist die *Society* eine »Ansammlung
von Individuen, von denen keines für das andere sprechen kann«,
die jedoch einige Überzeugungen teilen, die sie zu diskutieren
wünschen.[6] Die Mitglieder kommen von Anfang an aus aller Welt
und verschiedenen gesellschaftlichen Bereichen: Wissenschaftler,
Journalisten, Geschäftsmänner und Politiker. Die Transnationali-
tät der MPS schlägt sich nicht nur in der Tatsache nieder, dass sie
keinen Sitz hat und ihre jährlichen Treffen immer in einem anderen Land der fünf Kontinente stattfinden, sondern auch darin,
dass der Nationalstaat nicht mehr den politischen Rahmen ihrer
Diskussionen bildet. Gleichzeitig trägt die *Society* der Notwendig-
keit Rechnung, ihr Wissen nationalstaaten-spezifisch zu imple-
mentieren, indem sie die Gründung von mehr als 70 themen- oder
länderspezifischen Think Tanks direkt oder indirekt beförderte.[7]

---

5   Die von dem britischen Ökonom Lionel Robbins verfasste und auf
Wunsch der Versammelten modifizierte Erklärung ist abgedruckt in:
Ronald Max Hartwell: *A History of the Mont Pelerin Society*, Indianapolis
1995, S. 41f.
6   »Short History and Statement of Aims«, Quelle: http://www.montpele-
rin.org/mpsGoals.cfm [Stand: 28.07.09].
7   Für eine ausführliche Liste aller Think Tanks mit Verbindungen zur
Mont Pèlerin Society siehe Walpen: *Die offenen Feinde und ihre Gesellschaft*,

Begriffsgeschichte und
sozialwissenschaftlicher Think-Tank-Begriff

Der Begriff *Think Tank* entstand während des Zweiten Weltkriegs in Großbritannien und den USA und bezeichnete einen abhörsicheren Ort oder Raum, in dem zivile und militärische Experten Strategien entwickeln.[8] In den 1950er Jahren wurde der Begriff vor allem mit der RAND *Corporation* assoziiert, die im Krieg entstanden war und zunächst weiter Auftragsforschung für das amerikanische Militär betrieb, dann aber ab 1948 als »non-profit organization« auch nicht-militärische Forschungsaufträge entgegennahm.[9] Diese Erweiterung des Tätigkeitsfelds übertrug sich im Laufe der 1960er Jahre auf den Begriff *Think Tank*, der fortan nun auch für nicht-militärische Forschungseinrichtungen und Beraterstäbe verwendet wurde, also ganz allgemein für die Konzentration von Intelligenz.[10] Allgemein wird unter der Tätigkeit der Think Tanks »wissenschaftliche, praxis-orientierte Zukunftsforschung« verstanden, die als Expertenwissen von »Organisationen oder Regierungen« in Auftrag gegeben oder abgerufen wird, was

a.a.O., S. 399–408.

8   Heinrich Kreft: »Die wissenschaftliche Politikberatung im Bereich der Außen- und Sicherheitspolitik in den USA. Ein Vergleich zu Deutschland«, in: Gerhard Kümmel (Hrsg.): *Wissenschaft, Politik und Politikberatung: Erkundungen zu einem schwierigen Verhältnis*, Strausberg 2002, S. 115–138: 117.

9   Vgl. Virginia Campbell: »How RAND Invented the Postwar World. Satellites, System Analysis, Computing, the Internet – Almost All the Defining Features of the Information Age Were Shaped In Part at the RAND Corporation«, in: *American Heritage's Invention & Technology*, 20 (2004), S. 50–59.

10 Vgl. Winand Gellner: *Ideenagenturen für Politik und Öffentlichkeit: think tanks in den USA und in Deutschland*, Opladen 1995, S. 16.

sich in Umschreibungen wie »Beraterstab« oder »policy research institution« ausdrückt.[11]

Think Tanks unterscheiden sich erheblich in Größe, Struktur, Arbeitsfeld und Bedeutung. In der politikwissenschaftlichen Literatur findet sich häufig eine Typologie von Think Tanks, die auf Periodisierung ihrer Entstehung beruht. In der Entstehungsphase (1900 bis 1945) bildeten, dieser Typologie zu Folge, die »Universitäten ohne Studenten« den vorherrschenden Typus. Die in dieser Phase gegründeten Think Tanks hatten eine vornehmlich akademische Ausrichtung und verdankten ihre Existenz einem Mäzen (z. B. *Carnegie Endowment for International Peace*, 1910; *Brookings Institute*, 1916). In der zweiten Phase, die vom Zweiten Weltkrieg bis in die 1970er Jahre reichte, dominierte der Typus der »Auftragsforschungsinstitute«, die den durch die Systemkonkurrenz im Kalten Krieg gestiegenen Bedarf der US-Regierung an außen- und sicherheitspolitischer Expertise bedienten (so die bereits erwähnte RAND *Corporation*, 1946/1948; *Urban Institute*, 1968). Die relativ kurze dritte Phase (von 1971 bis 1980) beschreibt den Aufstieg der so genannten »Advocacy Think Tanks« mit einer »eindeutigen ideologischen Ausrichtung« (z.B. die *Heritage Foundation*, 1973, deren Erfolg mit Ronald Reagans Präsidentschaft zusammenhing, oder das *Cato Institute*, 1977). Der 1980 einsetzenden und noch fortdauernden vierten Phase werden die »parteinahen und interessenahen Think Tanks« zugerechnet, die eine klare Bindung an eine Partei, einen Politiker oder eine Interessengruppe aufweisen (z. B. das *Carter Center*, 1982, oder *Project for The New American Century*, 1997).

Geht man allein von dieser Typologie aus, scheint die *Mont Pèlerin Society* zunächst nicht in das Think-Tank-Schema zu passen.

---

11 Vgl. *NIRA's World Directory of Think Tanks,* Tokyo 1999, S. vii.

Erstens hat sie keinen Sitz; zweitens keine Auftraggeber; drittens
lehnen sie explizite Politikberatung ab: wenn sie Politiker beraten,
dann eher als Einzelpersonen; viertens beschränken sie sich nicht
auf bestimmte *issues* und fünftens stellen sie eine heterogene Gruppe
dar, die sich in wechselnden Zusammensetzungen in Abständen
von ein bis zwei Jahren trifft. Nicht ganz zu vernachlässigen, wenn
auch nicht ausschlaggebend, wäre weiterhin die Tatsache, dass
die Mitglieder der MPS die Bezeichnung ›Think Tank‹ ablehnen
und sich gerne als einen losen Zusammenhang aus Ökonomen,
Historikern, Philosophen und anderen Berufsgruppen beschreiben, die zusammenkommen, um über die Grundlagen der »freien
Gesellschaft« im Sinne der »klassischen Ökonomen« zu plaudern.
Im »Statement of Aims« heißt es über das Ziel der *Society*: »Its
object is solely, by facilitating the exchange of views among minds
inspired by certain ideals and broad conceptions held in common,
to contribute to the preservation and improvement of the free
society.«[12] Aus wieder eigenen Überlegungen heraus haben sich
renommierte Forscher zur MPS wie Dieter Plehwe und Bernhard
Walpen für andere Organisationsbeschreibungen entschieden:
»transnationale Weltanschauungsgemeinschaft«,[13] »internationa-
les Elitenetzwerk«,[14] »Netzwerk konzeptiver neoliberaler Intellek-

12 Siehe Hartwell: *A History of the Mont Pelerin Society*, a.a.O., S. 42.
13 Dieter Plehwe: »Im Schatten von Hayek und Friedman: Die Vielflie-
ger im Kreise der Mont Pèlerin Society«, in: Berthold Unfried u.a. (Hrsg.):
Transnationale Netzwerke im 20. Jahrhundert. Historische Erkundungen
zu Ideen und Praktiken, Individuen und Organisationen, Lepizig 2008,
S. 235–264: 239.
14 Dieter Plehwe; Bernhard Walpen: »Wissenschaftliche und wissen-
schaftspolitische Produktionsweisen im Neoliberalismus. Beiträge der Mont
Pèlerin Society und marktradikaler Think Tanks zur Hegemoniegewinnung
und -erhaltung«, in: *Prokla*, 29/115 (1999), S. 203–235: 205.

tueller mit einer minimalen institutionellen Kernstruktur«,[15] »epistemic community«,[16] »comprehensive transnational discourse community«[17], »neoliberal thought collective«.[18]

Letztere Konzepte lassen sich jedoch durchaus mit dem anfangs vorgeschlagenen *weiten* Think Tank-Verständnis verbinden, das anstelle der Organisationsstrukturen vielmehr die Techniken der Wissenserzeugung untersucht. Anstatt sich auf die Unterschiede zu konzentrieren, soll hier der Versuch unternommen werden, am Beispiel der *Mont Pèlerin Society* jene Techniken und Strategien zu beschreiben, die alle Think Tanks miteinander verbinden. Die Kernthese lautet also, dass die MPS vielleicht kein Think Tank im engsten Sinne ist, aber mit ihren Techniken die Arena für diese neuen Formen der Wissenserzeugung zu Regierungszwecken im 20. Jahrhundert eröffnet hat.

Oszillieren zwischen Öffnung und Schließung

Man kann die Bewegung zwischen Öffnung und Schließung innerhalb der *Mont Pèlerin Society* auf vier Ebenen beobachten: räumlich, organisatorisch, habituell und diskursiv.

---

15 Walpen: *Die offenen Feinde und ihre Gesellschaft*, a.a.O., S. 105.
16 Peter Haas: »Introduction: Epistemic Communities and International Policy Coordination«, in: *International Organization*, 46/1 (1992), S. 1–35.
17 Vgl. Dieter Plehwe: »The Making of a Comprehensive Transnational Discourse Community«, in: Marie-Laure Djelic; Sigrid Quack (Hrsg.), *Transnational Communities and the Regulation of Business*, Cambridge (erscheint 2010).
18 Vgl. Philip Mirowski; Dieter Plehwe (Hrsg.): *The Road from Mont Pèlerin. The Making of the Neoliberal Thought Collective*, Cambridge (Mass.) 2009.

Ganz wie ein militärischer Think Tank kommen die Mitglieder der *Society* nur punktuell an einem bestimmten Ort zusammen, der meistens ein großes Hotel oder seltener eine Universität ist. Die Treffen sind insofern ›geschlossen‹, als nur Mitglieder zugelassen sind und sie sich fünf Tage nur auf den Austausch untereinander konzentrieren. Diese temporäre räumliche Konzentration kontrastiert mit der Verstreutheit der Mitglieder über die ganze Welt. Dies wird durch die Bildung eines Netzwerks ausgeglichen, das sich inhaltlich verbunden fühlt und an verschiedenen ›Fronten‹ an der Implementierung und Umsetzung der gemeinsamen Überzeugungen arbeitet. Für eine mitgliederstarke transnationale Organisation wie die *Mont Pèlerin Society* sind lokale Basen wichtig, diese Rolle übernehmen in ihrem Fall vor allem Universitäten.[19] Wie Bernhard Walpen gezeigt hat, befördern auf dieser lokalen Ebene intellektuelle ›go-betweens‹ die sogenannte ›cross-fertilization‹ zwischen Akademikern, Zeitschriften, Organisationen, Industriellen und Stiftungen.[20] Herausragende intellektuelle ›go-betweens‹ – d.h. Persönlichkeiten, die sehr vernetzt sind, viel reisen und eine Scharnierfunktion einnehmen – waren etwa Walter Lippmann, Friedrich August von Hayek, Louis Rougier, William Rappard, Henry Hazlitt (Journalist), Ludwig von Mises, Leonard Read (Präsident der *Foundation for Economic Education*) und Wilhelm Röpke.[21] Mithilfe einer Netzwerkanalyse zeigt Dieter Plehwe, dass interessanterweise nicht nur diese bekannten Denker der *Society* diese Scharnierfunktion übernahmen, sondern auch weniger bekannte Mitglieder, die nie offizielle Ämter in der *Society* inne hatten und/oder wenig bis gar keine Vorträge auf Konferen-

---

19 Walpen: *Die offenen Feinde und ihre Gesellschaft*, a.a.O., S. 110.
20 Ebd., S. 92.
21 Ebd., S. 92 u. 102.

zen hielten, aber oft anwesend waren.[22] In dieser Gruppe entstand auch die neue Profession des ›Think Tank Managers‹ oder ›Think Tank Unternehmers‹,[23] der neue Think Tanks gründet oder zumindest Mitglied in anderen Think Tanks ist, wie z.B. Anthony Fisher und Ralph Harris, die ausgehend vom *Institute of Economic Affairs* und mit Hilfe der *Atlas Economic Research Foundation* mindestens 36 Think Tanks in 18 Ländern gründeten.[24] Auf der Ebene der Organisation war man im Prinzip für alle ›like minded-scholars‹ offen, die zunächst durch das *Executive Committee* eingeladen werden durften. Als die Zahl der Mitglieder Anfang der 1970er auf über 300 angestiegen war,[25] führte man den Unterschied zwischen ›Gästen‹ und ›Mitgliedern‹ ein und veränderte das Aufnahmeverfahren auf verschiedene Weise. Unter anderem musste ein Anwärter nun durch zwei Mitglieder vorgeschlagen werden. Neben diesen räumlichen und organisatorischen Ein- und Ausschließungen ist auch auf der dritten, der habituellen Ebene ein Oszillieren zwischen »seriousness and informality«[26] zu beobachten. Mindestens genauso sehr wie den inhaltlichen Austausch mittels Vorträgen und Diskussion schätzen die meisten Mitglieder den ›informellen Teil‹ der Treffen, »those informal talks outside the conference room which are perhaps the most valuable part of all meetings of this kind« (Hayek).[27] Weiterhin

---

22 Vgl. Plehwe: »Im Schatten von Hayek und Friedman«, a.a.O.
23 »think tank entrepreneur« (John Blundell: »How To Move a Nation. Could a chicken farmer and two economists change British history?«, in: *Reason. Free Minds and Free Markets,* Februar 1987, S. 31–35: 32.
24 Ebd.
25 Vgl. Walpen: *Die offenen Feinde und ihre Gesellschaft*, a.a.O., S. 393ff.
26 Campbell: »How RAND Invented the Postwar World«, a.a.O., S. 51.
27 Friedrich August von Hayek: »Report on Venice Meeting«, Typoskript, LAr, General Meeting, Venedig, 1954, 5 S.: hier S. 1.

lässt sich im Habitus ein interessanter Kontrast zwischen dem gemeinsamen – wenn nicht gar kollektiven – Verständnis und Handeln als *Society* und dem betonten Individualismus feststellen, der
natürlich zur Grundausstattung der neoliberalen Werkzeugkiste
gehört. Einerseits nämlich wird die Society als lose Ansammlung
von unabhängigen Individuen präsentiert, d.h. als »collection of
individuals, no one of whom may speak for another«.[28] Andererseits besteht die Konzeption der Society ja gerade darin, die ›gemeinsamen Ideale und Vorstellungen‹ derart zu schärfen, dass sie
in der Welt Einfluss nehmen, d.h. »to come to specific policies
or action recommendations which will serve the objectives of the
Society«.[29]

Als vierte Ebene sei die diskursive angesprochen, auf der man
ein Hin und Her beobachten kann zwischen der Geschlossenheit
der liberalen Grundelemente – ›freier Markt‹, ›individuelle Freiheit‹, ›beschränkte Regierung‹, ›gegen Wohlfahrtsstaat, Gewerkschaften, Monopole, Inflation‹ usw. – einerseits und der Offenheit
der Diskussion und des Spektrums andererseits: »Virginians, Aus-
trians, Chicagoites, and market economists of no particular school
(and even critics and skeptics who agonize over possible hygiene
problems if garbage collection is privatized) all rub shoulders«.[30]

---

28 »Short History and Statement of Aims«, a.a.O.
29 Paul Ayres, in: »Abstracts from Letters on Future of MPS«, Typoskript,
LAr, General Meeting, Montreux, 1972, 12 S.: hier S. 1.
30 Blundell: »How to Move a Nation«, a.a.O., S. 35.

Interventionistisches Wissen: »Battle of Ideas«

In der Urszene der *Mont Pèlerin Society*, die immer wieder erzählt wird, kehrt der Royal Air Force-Pilot Anthony Fisher aus
dem Zweiten Weltkrieg heim – und findet England vom Sozialismus bedroht. Zufällig liest er die 1945 erschiene *Reader's Digest*-
Version von Friedrich August Hayeks *The Road to Serfdom* und
wendet sich sofort an den Autor: »›What can I do? Should I enter
politics?‹ he asks. With Fisher's war record, good looks, gift for
speaking, and excellent education, it is no idle question. ›No‹, re-
plies Hayek. ›Society's course will be changed only by a change in
ideas. First you must reach the intellectuals, the teachers and wri-
ters, with reasoned argument. It will be *their* influence on society
which will prevail, and the politicians will follow.‹«[31]

In diesem *top-down* Modell sehen sich die liberalen Ökonomen
und Philosophen also an der Spitze; sie reichen ihr Wissen an
die Intellektuellen weiter, die wiederum die öffentliche Meinung
beeinflussen, woraufhin wieder die Politiker reagieren. Mit diesem Narrativ versichert sich die *Society* immer wieder, niemals in
kurzfristiges Lobbying zu verfallen, sondern stets eine langfristige
Perspektive im Auge zu haben.[32]

An dieser Stelle wird bildhaft deutlich, dass die MPS den Blick
von weit oben auf einen fernen Horizont richtet, gewissermaßen
den Blick vom Mont Pèlerin in die Ferne schweifen lässt. An anderer Stelle veranschlagt Hayek für den Wandel der ›dominanten

---

31 [Hervorh. im Orig.] Blundell: »How To Move a Nation«, a.a.O., S. 31.
32 Es sei am Rande bemerkt, dass sich hier mit dem Motiv des guten Über-
blicks des Bomberpiloten vielleicht ein weiterer Hinweis auf die Geburt des
Think Tanks aus dem ›Geist des Krieges‹ findet – zusätzlich zur bereits skiz-
zierten Begriffsgeschichte.

Weltanschauung‹ zwei bis drei Generationen.[33] In seinem grund-
legenden Artikel »The Intellectuals and Socialism« von 1949
schreibt er: »What to the contemporary observer appears as the
battle of conflicting interests has indeed often been decided long
before in a clash of ideas confined to narrow circles.«[34]

Damit bezieht er sich interessanterweise auf die *General Theory*
(1936) seines erklärten Feindes John Maynard Keynes, der dort
ausführt, dass die Welt von den Ideen der Ökonomen und politischen Philosophen regiert wird – und nicht von Politikern, die
sich einbilden, ihre praktischen Entscheidungen aus dem Moment
heraus zu treffen.[35]

In ihrer Selbstwahrnehmung waren die Mitglieder der *Society*
in den 1940er und 1950er Jahren Außenseiter in einer feindlichen
Welt, in der Staats-Interventionismus verschiedenster Couleur
dominierte: Faschismus, Kommunismus, Keynesianismus, Wohlfahrtsstaat. Aus dieser Grundüberzeugung leitet die *Mont Pèlerin
Society* ihre Strategie des »Battle of Ideas« ab: Sie zielt erklärter-
maßen darauf, das ›Klima der Ideen‹ zu verändern – hin zu freiem
Markt, Wettbewerbsprinzip, Primat des Privateigentums und
»Redefinition der Funktion des Staates«. Diese bereits im »Statement of Aims« von 1947 festgelegten Grundpfeiler bilden nach

---

33 Walpen: *Die offenen Feinde und ihre Gesellschaft*, a.a.O., S. 113.
34 Friedrich August von Hayek: »The Intellectuals and Socialism«, in: *The
University of Chicago Law Review*, 16/3 (1949), S. 417–433: 418.
35 »The ideas of economists and political philosophers, both when they
are right and when they are wrong, are more powerful than is commonly
understood. Indeed the world is ruled by little else. Practical men, who
believe themselves to be quite exempt from any intellectual influence, are
usually the slaves of some defunct economist. Madmen in authority, who
hear voices in the air, are distilling their frenzy from some academic scrib-
bler of a few years back.« (John Maynard Keynes: *The General Theory of
Employment, Interest and Money*, London 1936, S. 383.)

wie vor die breiteste Plattform neoliberalen Denkens und Interve-
nierens. Heute ist zu bemerken, dass die ›Umwelt der Ideen‹ sich
spätestens seit den 1980er Jahren in Sinne der *Society* verändert
hat. Das soll weder heißen, dass die *Society* allein diesen Erfolg
erstritt, noch dass sich der Neoliberalismus einzig im »Battle of
Ideas« ohne flankierende, gewaltsame Maßnahmen durchgesetzt
hat.

Der *Mont Pèlerin Society* und anderen Think Tanks geht es vor-
rangig um die Erstreitung der diskursiven Hegemonie, die immer
auch mit Potenzialitäten, mit möglichen Welten, zu tun hat, wie
das nachfolgende Zitat aus Milton Friedmans *Capitalism and
Freedom* von 1982 verdeutlicht: »Only a crisis, actual or perceived,
produces real change. When that crisis occurs, the actions that are
taken depend on the ideas that are lying around. That, I believe,
is our basic function: to develop alternatives to existing policies,
to keep them alive and available until the politically impossible
becomes politically inevitable.«[36]

Interessanterweise rühmt Donald Rumsfeld genau diesen Punkt
an Milton Friedman in einer Rede, die er zu dessen 90. Geburtstag
im weißen Haus hielt: »Milton is the embodiment of the truth that
ideas have consequences«.[37]

Abgesehen davon, dass bei Milton Friedman hier eine interessante Schock-Theorie *in nuce* aufscheint, die Naomi Klein
überzeugend aufgeschlüsselt hat,[38] geht es ihm allgemein darum,
mögliche Welten virtuell bereitzuhalten, damit sie im geeigneten

---

36 Zit. nach Naomi Klein: *The Shock Doctrine. The Rise of Disaster Capitalism*, New York 2007, S. 6.
37 Diesen Hinweis gibt Naomi Klein in einem Vortrag an der Chicago
University Anfang Oktober 2008, Quelle: http://www.democracynow.
org/2008/10/6/naomi_klein [Stand: 28.07.2009].
38 Vgl. Klein: *The Shock Doctrine*, a.a.O.

Moment aktualisiert werden können. Wieder einmal unterstreicht dies die Verwandtschaft zum militärischen *contingency planning*, in dessen Rahmen es wichtig ist, in jeder (un)denkbaren Situation einen bereits durchdachten Plan aus der Schublade ziehen zu können. Doch bevor es um das Denken des Möglichen geht, soll noch kurz auf ein Dilemma der MPS im Kontext des »Battle of Ideas« eingegangen werden. Wie bereits erwähnt, schwanken selbst innerhalb der *Society* die Auffassungen darüber, inwieweit man Einfluss ausüben möchte. Einerseits verlautet das »Statement of Aims«, dass die *Society* keinerlei ›Propaganda‹ betreiben wolle, anderseits gibt es extensive Überlegungen zur öffentlichen Meinung, zu verschiedenen Zielgruppen und wie diese zu beeinflussen wären: »Strategy and Tactics in the Presentation of the Case for the Free Market«,[39] »Practical Actions in order to affirm Liberalism in Present Circumstances«,[40] »How Can Liberty be Sold«[41] usw. Gleichwohl würde ein wichtiger Teil der *Society* sie gerne als interesselose Gelehrten-Gesellschaft darstellen. So schreibt Sekretär Hunold noch im Februar 1958 an Präsident Hayek: »So sehr ich Verständnis dafür habe, daß wir für ein Amerika Meeting nicht genau gleich verfahren können wie in Europa und wir dort auch mit der Presse etwas tun müssen, so sehr müssen wir uns davor wehren, einfach in die Mühle einer public relations Firma zu geraten und unser ganzes Prestige zu opfern, das wir uns in 10 Jahren als ein center of learned men erworben haben.«[42]

---

39 General Meeting Oxford 1959 und Semmering 1964.
40 General Meeting Vichy 1967.
41 General Meeting Saint-Vincent 1986.
42 Brief von Albert Hunold an F.A. Hayek am 11.02.1958, HIA MPS 12/1, 2 S.: hier S. 1.

Anscheinend wurde diese Selbstbeschreibung der *Society* als rein wissenschaftliche Gesellschaft aber nicht von Außen bestätigt. Im Juni des gleichen Jahres erteilte der *American Council of Learned Societies* (ACLS) dem Antrag auf Fördergelder der *Mont Pèlerin Society* eine Absage: »With respect to your request for support, the joint committee, after studying your brochure, has taken the position that, unquestionably worthy as are the activities and membership of the Mont Pelerin Society, the organization does not, as a society, exist for the primary purpose of promoting fundamental research in the humanities and social sciences. Many of your members are active scholars and almost certainly belong to professional societies that do exist for that central purpose, for example, American Economic Association, Modern Language Association of America, American Historical Association – the kinds of organizations, together with their international bodies, that would characteristically qualify to apply for support. But while many members of the Mont Pelerin Society are in fact research scholars, their association with the Society exists for the purpose for addressing themselves, along with other members, to certain crucial social issues of our time.«[43]

Der ACLS hatte also befunden, dass die MPS-Mitglieder zwar größtenteils Akademiker sind, jedoch über die Tätigkeiten eines ›Gelehrten‹ hinausgehen, indem sie sich in der *Society* zusammenschließen, um sich gemeinsam entscheidenden sozialen Fragen der Gegenwart zuzuwenden.

---

43 Brief von Robert Hoopes (Vize-President des *American Council of Learned Societies*) an Jasper A. Crane am 20.06.1958, HIA MPS 12/2, 1 S. Der Antrag der *Society* selbst liegt leider im Archiv nicht vor.

Das Denken des Möglichen

Wie in der Mont Pèlerin Society das Mögliche gedacht wird, soll exemplarisch an drei Schauplätzen nachverfolgt werden: Erstens der Auseinandersetzung mit dem Begriff »politically impossible«, zweitens dem permanenten ökonomischen Tribunal und drittens der Experimentalisierung ganzer Volkswirtschaften.

Die aus der Tagespolitik entnommene Formel »politically impossible« scheint die Gemüter auf den Konferenzen immer wieder zu erregen. 1957 in St. Moritz ist ein ganzer Abschnitt der Tagung diesem Thema gewidmet. Helmut Schoeck bringt auf den Punkt, was die MPS an der Formel so stört: »We all know the saying, ›Politik ist die Kunst des Möglichen‹, first phrased, of course, at a time when statesmanship was less subject to democratic sensitivities. If we accept […], this definition […], the other phrase of the ›politically impossible act‹ is evidently absurd.«[44]

An dieser Stelle tritt wieder ein gewisses anti-demokratisches Ressentiment zu Tage: Die Demokratie schränkt das kühne Ausschreiten der Staatsmänner à la Bismarck in die Welt des Möglichen insofern ein, als die Gefahr besteht, dass die ›Masse‹ gar nicht weiß, was ihr eigentlich gut tut, sich von Gewerkschaften u.ä. beeinflussen lässt und schließlich ›falsch‹ wählt. Da die Politiker wiedergewählt werden wollen, richten sie sich nach dieser ›fehlgeleiteten‹ öffentlichen Meinung und befinden gewisse Maßnahmen für politisch unmöglich, wie z.B. die Einschränkung von Arbeitnehmerrechten, obwohl diese doch – in Schoecks Augen – den freien Wettbewerb fördern würde. So macht sich Schoeck seinen

---

44 Helmut Schoeck: »What is Meant by ›Politically Impossible‹?«, Vortragstyposkript, General Meeting, Sankt Moritz, 07.09.1957, Liberaal Archief te Gent (LAr), 8 S.: hier S. 1.

eigenen Begriff von »politically impossible«: »Perhaps we could define the current meaning of the ›politically impossible thing‹ to mean anything we know in the depth of our heart morally (or economically, or militarily, etc.) sound and proper, but at the same time as something we don't dare doing (or proposing) for fear our parliamentary opponents could misrepresent it to parts of the electorate to our future disadvantage.«[45]

Es gibt innerhalb der MPS verschiedenste Argumentationen, warum etwas »politisch Unmögliches« *doch* möglich sei. So begründet Carl Joachim Friedrich die grundsätzliche Möglichkeit aller Ereignisse mit Aristoteles, wohingegen Günther Schmölders ganz pragmatisch alles zu einer Frage des ›Labelings‹ erklärt: »Bei entsprechender Formulierung und Argumentation, die sich nach diesen sozialpsychologischen Gesetzen der kollektiven Willensbildung richtet, wird vieles möglich, was vorher ›politisch unmöglich‹ war oder schien. […] ja man kann sogar die deutsche Wirtschaftsordnung der ›sozialen Marktwirtschaft‹ als Beispiel dafür anführen, was ein blosser Name vermag – es wäre sicherlich ›politisch unmöglich‹ gewesen, in der Zweizonenverwaltung unserer Besatzungszeit ein Wirtschaftssystem unter dem Namen ›Kapitalismus‹ einzuführen.«[46]

Am Rande sei angemerkt, dass hier (und nicht nur hier) mit der gängigen Annahme aufgeräumt wird, die »soziale Marktwirtschaft« sei eine Art Gegenmodell zum neoliberalen Kapitalismus. Im Diskurs der MPS lässt sich zeigen, dass die »soziale Marktwirtschaft« nicht nur immer wieder strategisch gegenüber den

---

45 Ebd.
46 Günter Schmölders: »Was heißt ›politisch unmöglich‹?«, Vortragstypo-skript, General Meeting, Sankt Moritz, 07.09.1957, HIA MPS, 11/3, 3 S.: hier S. 2.

sozialistischen Staaten eingesetzt, sondern auch ›im Kielwasser‹ der *Mont Pèlerin Society* entwickelt wurde: die ›Väter der sozialen Marktwirtschaft‹ waren Mitglieder: Müller-Armack, Erhard, Röpke, Eucken, Rüstow.

Die unbegrenzte Vielfalt möglicher Welten erfährt jedoch eine jähe Einschränkung, da es doch eine unmögliche gibt: die Welt der sozialen Gerechtigkeit: »I propose that what is demanded by the sense of social justice is usually impossible to begin with. Whenever one tries to adjust laws, actions, administrative provisions, etc., to the sense of social justice, such actions are doomed to failure by psychological, economic, organizational, or other pre-political impossibilities.«[47]

Interessant ist, wie hier das Politische als Gegensatz zum Ökonomischen, Juridischen und Sozialen konstruiert wird. Während im politischen Feld alles möglich erscheint, gehören ökonomische, juridische und soziale Tatsachen zu den vor-politischen Gegebenheiten.

Diese diskursive Exklusion der Möglichkeit von sozialer Gerechtigkeit beschreibt Albert Hirschman als eine der drei Hauptelemente dessen, was er die »Rhetorik der Reaktion« nennt. Er fasst diese Operation unter dem Stichwort »Vergeblichkeitsthese« zusammen, laut derer alle Anstrengungen zur Veränderung der Gesellschaft zum Scheitern verurteilt sind, weil sie zu komplex ist.[48] In Foucaultschen Termini könnte man dies vielleicht als ein Feld beschreiben, auf dem Sagbares und Nicht-Sagbares auf eine ganz bestimmte Weise angeordnet werden: Der jeweiligen Ratio-

---

47 Schoeck: »What is Meant by ›Politically Impossible‹?«, a.a.O., S. 2.
48 Albert O. Hirschman: *Denken gegen die Zukunft. Die Rhetorik der Reaktion*, Frankfurt/M. 1995, S. 17.

nalität einer Epoche entsprechend können gewisse Aussagen getroffen werden und andere nicht.[49]

Zweiter Schauplatz: Wenn die aktuelle Welt nicht im Zentrum des Interesses steht, worauf richtet sich der Blick dann? Auf die Welt, wie sie sein könnte, wie sie sein sollte. Dabei wird in der MPS oft von einem abstrakten Ideal ausgegangen: einer Welt, in der der Markt unbeschränkt waltet, Freiheit herrscht und jedes Individuum, jeder *homo oeconomicus*, maximale Entfaltungsmöglichkeiten auf dem Markt hat. Nun werden verschiedene Bereiche und gesellschaftliche Tatsachen wie vor ein Tribunal zitiert und mit diesem Ideal abgeglichen. Davon ausgehend werden Empfehlungen nach dem Grundsatz ›Was wäre eine liberale Lösung für dieses Problem?‹ abgegeben. Hier einige kursorische Beispiele aus dem Diskurs der *Society*: »Zeitprobleme in liberaler Sicht« (1958), »Leitbild einer freien Wirtschaft« (1959), »Sind die Wechselkurse richtig?« (1960), »How Should Prices Be Determined?« (1966) usw.[50]

Hier zeigt sich, wie eine generalisierte Form des Marktes zum Maßstab des Regierens wird. Foucault kontrastiert in dieser Hinsicht den klassischen Liberalismus des 18. und 19. Jahrhunderts mit dem Neoliberalismus des 20. Jahrhunderts. Im klassischen

---

49 Vgl. Gilles Deleuze, »Die Schichten oder historischen Formationen: Das Sichtbare und das Sagbare (Wissen)«, in: Ders., *Foucault*, Frankfurt/M. 1992, S. 69ff.

50 Diese Liste ließe sich beliebig fortsetzen: »Liberalism and the Underdeveloped Countries« (Beauvallon 1951), »Liberalism and Agriculture« (Venedig 1954), »Liberalism and Colonialism« (Sankt Moritz 1957), »Democracy and Liberalism« (Turin 1961), »Liberalism and Racialism« (Semmering 1964), »Democratic Constitution and Liberalism« (Vichy 1967), »Communism and Liberalism« (Aviemore 1968), »Liberalism vs Conservatism?« (Saint-Vincent 1968) usf.

Liberalismus war der Markt ein Instrument der Autolimitation der Regierung – im Gegensatz zum übermächtigen absolutistischen Staat soll der Markt von der Regierung einfach nur in Ruhe gelassen werden (*laissez-faire*). Im Neoliberalismus wird der Markt hingegen zum konstitutiven Moment: »eine Art permanentes ökonomisches Tribunal gegenüber der Regierung«.[51]

Das permanente ökonomische Tribunal operiert dabei exakt auf der Grenze zwischen dem ›zu wenig‹ und dem ›zu viel‹ Regieren.[52] Es ist ein Instrument oder ein Wissen des Regierens, das sich flexibel an neue Zeiten und Sachverhalte anpassen kann, während sein ökonomischer, marktwirtschaftlicher Kern fest bleibt: ›Bildung – was ist eine ökonomische Sicht darauf?‹, ›Gesundheit – wie kann man das ökonomisch gestalten?‹ usw. Im Neoliberalismus geht es, wie Foucault gezeigt hat, nicht um die Abwesenheit von Regieren, sondern um eine *andere* Art des Regierens. Entsprechend streicht das »Statement of Aims« der *Mont Pèlerin Society* den Staat nicht aus, sondern spricht von der »Redefinition der Funktionen des Staates« und von »minimaler, verstreuter Regierung«.[53] Die Form der Regierung, die die MPS sowohl als Möglichkeitsraum entwirft sowie auch selbst praktiziert, kann man mit Foucault als »Führung von Führungen« bezeichnen. Es werden keine Entscheidungen getroffen, aber vorbereitet, ja vorprogrammiert. Das als *homo*

---

51 »Une sorte de tribunal économique permanent en face du gouvernement«, in: Michel Foucault, *Naissance de la biopolitique. Cours au Collège de France 1978–1979*, Bd. 2, Paris 2004, S. 253.

52 »Est-ce que je gouverne bien à la limite de ce trop et de ce trop peu, entre ce maximum et ce minimum […]?«, in: Michel Foucault, *Sécurité, territoire, population. Cours au Collège de France 1977–1978*, Bd. 1, S. 21.

53 Ein schönes Beispiel für das Ringen um ›wie viel regieren?‹ ist der Vortrag von Fritz Machlup im Jahre 1959: »Can a Liberal defend Government Interventions to Restrict the Freedom of Business to Restrict Business?«

oeconomicus subjektivierte Individuum wird durch das ›permanente ökonomische Tribunal‹ *angeführt*, sich ökonomisch *aufzuführen* – der zwanglose Zwang des ökonomischen Arguments, könnte man sagen.

Dritter Schauplatz des Möglichkeitsdenkens in der *Mont Pèlerin Society* könnte beispielhaft Chile sein: Von 1975 an nahmen Mitglieder der *Mont Pèlerin Society* (Milton Friedman, Arnold Harberger, Friedrich von Hayek, James Buchanan, Gordon Tullock) auf direkte und indirekte Weise Einfluss auf die Wirtschaftspolitik der Regierung bzw. Diktatur Pinochet in Chile. Sie schlugen Pinochet eine »Schocktherapie« vor, die im Zuge eines tatsächlich im Regierungsprogramm umgesetzten Acht-Punkte-Programms die ökonomische und sozialpolitische Struktur des Landes radikal veränderte. Für die Ökonomen war dies die einmalige Chance, ein Set von Theorien wie u. a. die monetaristische Lehre und die Public-Choice-Theorie in der Wirklichkeit umzusetzen und zu testen – Chile war für sie »a laboratory experiment to see how well this kind of program works«.[54] Das bestätigt Foucaults These, der Neoliberalismus sei ein Testverfahren. Im Zuge der Erforschung dieser Zusammenhänge drängt sich ein Vergleich mit einem anderen Experiment auf, das nur wenige Jahre zuvor in Chile stattgefunden hatte: 1971 kam der britische Kybernetiker Stafford Beer auf Einladung des Wirtschaftsministers der Regierung Allende nach Chile. Man kam überein, dass ein »friedlicher Weg zum Sozialismus« nur in der kybernetischen Steuerung der Volkswirt-

---

54 *Business Week*, 12.01.1976, S. 70, zit. nach Dieter Plehwe; Bernhard Walpen: »Gedanken zu einer Soziologie der Intellektuellen des Neoliberalismus«, in: Hans-Jürgen Bieling u.a. (Hrsg.), *Flexibler Kapitalismus. Analysen, Kritik und politische Praxis. Frank Deppe zum 60. Geburtstag*, Hamburg 2001, S. 225–239.

schaft durch elektronische Medien zu finden sei.[55] In der Folge wurde eine Computerzentrale in Santiago gebaut, die durch ständigen Datenaustausch mit Unternehmen die gesamte Nationalökonomie Chiles kybernetisch steuern sollte. Nach Beers Plänen sollte nicht nur die Wirtschaft »dem Primat der Echtzeit« unterstellt werden, sondern über einen Feedback-Kanal am heimischen Fernseher auch der Entscheidungsprozess zwischen Regierenden und Regierten. Dazu sollte es bekanntermaßen nicht kommen, wobei interessant ist, dass auch die ›Gegenseite‹ in Form von CIA, RAND *Corporation* und *Special Operations Research Office* in den USA mit kybernetischen Simulationsmodellen arbeitete.[56] Die Experimentalisierung ganzer Volkswirtschaften gehört zu der Gruppe von prognostischen Wissenstechniken wie auch die Szenario-Entwicklung oder die Zukunftsforschung.[57]

Die *Mont Pèlerin Society* war also ein Pionier auf dem Feld jener Wissenstechniken, die konstitutiv für einen Think Tank sind: Mit dem Wechsel zwischen Öffnung und Schließung, dem interventionistischen Wissenskonzept des »Battle of Ideas« und dem Möglichkeitsdenken bietet sie eine Struktur, die weder zu viel noch zu wenig lenkt, einen zugleich festen und flexiblen Rahmen darstellt – eben wie es das Lernspiel »The Think Tank Mind-

55 Vgl. Claus Pias: »Der Auftrag. Kybernetik und Revolution in Chile«, in: Daniel Gethmann; Markus Stauff: *Politiken der Medien*, Zürich 2004, S. 131–153: 136 sowie die grundlegende Arbeit von Sebastian Vehlken, *Environment for Decision. Die Medialität einer kybernetischen Staatsregierung. Das Project Cybersyn in Chile 1971–73*, Magisterarbeit, Bochum 2004, Quelle: http://homepage.univie.ac.at/sebastian.vehlken/publikationen.html [Stand 28.07.2009].

56 Vgl. Philip Mirowski: *Machine Dreams. Economics Becomes a Cyborg Science*, Cambridge 2002.

57 Vgl. Robert J. Lempert u.a.: *Shaping the Next One Hundred Years. New Methods for Quantitative, Long-Term Policy Analysis*, Santa Monica 2003.

Development Program« von 1976 vorgibt: »Der *Think Tank* ist kein magischer Apparat. Er stimuliert den Verstand, nimmt ihm aber nicht die Arbeit ab. Mit anderen Worten: der *Think Tank* ist eine halb-Idee-Maschine [half-an-idea machine]. Der menschliche Verstand ist die andere Hälfte.«[58]

58 Kuykendall: »The Think Tank Mind-Development Program«, a.a.O.

Michael Thompson

Thinking outside the Tank
Warum das IIASA der Klein-Hypothese widerspricht

Lange bevor ich mich in einem Think Tank wiederfand, war ich in der Britischen Armee und steckte im wirklichen Ding: einem Panzer (*battle tank*). Naomi Klein würde jedoch an dieser Unterscheidung Anstoß nehmen; gemäß ihrer These sind Think Tanks aufgrund ihrer engen Beziehung zum militärisch-industriellen Komplex im Grunde nicht von Panzern zu unterscheiden. Mein Anliegen ist zu zeigen, dass diese »Klein-Hypothese«, auch wenn sie für manche Think Tanks zutrifft, nicht für alle gilt.

In einem Panzer lernt man einen Sachverhalt sehr schnell: Die schiere Präsenz solcher gepanzerter Kampfgefährte regt zur Entwicklung und Stationierung von Panzerabwehrwaffen (*Anti-tank weapons*) an. Und ganz sicher ist der Ort, an dem ich in den vergangenen 25 Jahren gearbeitet habe – IIASA: das *Internationale Institut für Angewandte System-Analyse* – genau dies: ein Anti-Think Tank. Dabei muss ich gleich hinzusetzen, dass ich damit nicht meine, wir seien gegen das Denken an sich; das sind wir natürlich nicht. Worauf ich hinaus will, ist vielmehr, dass man viel vom Sein und Werden des IIASA versteht, wenn man sich anschaut, in welchem Kontext es entstanden ist und wie es in einer Form von Opposition zu jenen Think Tanks bestehen konnte, auf die die Klein-Hypothese zutrifft und für welche die RAND wahrscheinlich das beste Beispiel ist.

1973 in einer kurzen Tauwetter-Phase des Kalten Kriegs gegründet und im restaurierten Habsburgerschloss von Laxenburg etwa 15 Kilometer südlich von Wien einquartiert, war das IIASA der einzige Ort, an dem Wissenschaftler (wie wir genannt wurden) aus Ost und West zusammen an »allgemeinen Problemen« arbeiten konnten. Diese allgemeinen Probleme spalteten sich bald und auf traditionelle Weise in vier Elementarthemen – Erde, Luft, Feuer und Wasser –, und diese vier Themen sind, gleichwohl stark verändert, noch im aktuellen Forschungsplan des Instituts erkennbar. *Erde* zum Beispiel ist das Zentrum des »Land Use«-Programms. Dieses behandelt Fragen wie: »Kann die Welt sich selbst ernähren?«, und: »Welche Veränderungen in der landwirtschaftlichen Produktion stehen durch den Klimawandel an?« *Luft* meinte ursprünglich jene Art von Luftverschmutzung, die zu saurem Regen führt, wurde aber inzwischen auf alle Treibhausgase, Aerosole, Wasserpartikel usw. ausgeweitet, die Grund für die globale Erwärmung sind. *Feuer* sollte nur damit zu tun haben, herauszufinden, wie man die Welt mit Energie versorgen könnte; heute ringen die Forscher damit, wie man dies anfängt, ohne unsere Welt dabei unbewohnbar zu machen. Und *Wasser* ist inzwischen zu einem Schnittstellen-Themenbereich geworden, der den Welthandel von Nahrungsmitteln mittels Strömen von »virtuellem Wasser« modelliert; ein Wasserkreislauf, der grundlegend modifiziert wird sowohl durch die Berücksichtigung von Menschenhand erzeugter Treibhausgase, als auch durch die offenkundige Abhängigkeit hochentwickelter Länder von Technologien, die menschlichen Abfall per Wasser-Klosett entsorgen.

Das sind die Arten von Fragen, die das IIASA stellt (und immer gestellt hat), und sie treten noch klarer zum Vorschein im Kontrast zu den Fragen, die das Institut in seinen Gründungsjahren *nicht* gestellt hat. Fragen, wie man die andere Supermacht besiegt, sind per definitionem keine »allgemeinen Probleme«, was bedeutet, dass alles, worauf sich Vereine wie RAND oder die *Hoover Institution* der Universität Stanford (und ihre bemerkenswerten sowjetischen Pendants) konzentriert haben, für uns vollkommen tabu war. Wie es sich für einen Anti-Think Tank gehört, haben wir uns mit allem beschäftigt, womit sich die anderen nicht beschäftigten. In jedem Fall lautete so der Plan!

In der Praxis waren CIA und KGB natürlich beide mit von der Partie, und der Kalte Krieg schlich sich in unsere Anti-Tätigkeiten ein. Allerdings nicht auf breiter Basis und sicher nicht auf rechtmäßige Weise. In Wirklichkeit hatten wir ziemlich viel Spaß dabei, kleine Fallen zu entwerfen, die offenbaren sollten, wer die wahren Spitzel – ob Ost oder West – waren. Eine dieser Fallen entstand durch Zufall und begann mit einem umfangreichen Scherz-Antrag, demzufolge das Institut das Sonnensystem erforschen solle. Dieser Antrag wurde ausgeheckt von einem russischen Mathematiker, einem irischen Ökonomen, einem polnischen Ingenieur und einem britischen Anthropologen, von denen ich erfreut berichten kann, dass sie immer noch eng mit dem IIASA verbunden sind. Beginnend mit dem üblichen Geschwafel über die einzigartigen Fähigkeiten von Systemanalytikern, formulierte der Antrag die These, dass das Sonnensystem zwar von allgemeinem Interesse, aber nur wenig verstanden sei – abgesehen von einigen bemerkenswerten Anstrengungen in Polen. Dies war natürlich eine Anspielung auf Kopernikus, die jeder echte Wissenschaftler sofort verstanden hätte. Doch zu unserer Freude und unserem Erstaunen nahm ein eher hochrangiger Angestellter den Antrag nicht nur ernst und verstand die Anspielung auf Kopernikus überhaupt nicht, sondern dachte, wir meinten Lech Walesa und seine Solidarnosc-Bewegung. Er schickte unverzüglich ein Memo an das Direktorium, darauf drängend, dass der Antrag sofort zurückgehalten werden und unter den Tisch fallen solle! Durch die so aufgeflogene Tarnung verlor er alle Glaubwürdigkeit im Institut und wurde wenig später von denen zurückgepfiffen, die ihn in unsere Mitte gesetzt hatten.

Eine banale Geschichte möchte man meinen. Aber sie verdeutlicht die Art und Weise, wie die Mitarbeiter des IIASA – während sie anscheinend ungezählte Arbeitsstunden für solche Streiche einsetzten – fähig waren zusammenzuhalten, Vertrauen zueinander aufzubauen und eine gemeinsame Kultur zu entwickeln. Eine Kultur, die sich als genaue Opposition zu dem bestimmte, was in anderen Think Tanks stattfand: in solchen Think Tanks, für die die Klein-Hypothese *gilt*.

Dennoch waren wir in vielerlei anderer Hinsicht jenen sehr ähnlich, von denen wir uns abgrenzten. Denn selbstverständlich waren wir elitär, stritten endlos lang darüber, ob der oder jener gut genug sei, um einer von uns zu sein, und arbeiteten hart daran, dass unser Durchsatz an Gästen großzügig gespickt war mit Fields-Medaillen- und Nobelpreisträgern. Und es gab die ganze Begeisterung für Systemdenken, für Computermodellierung, für Szenario-Entwicklung und – zu einem geringeren Teil – auch für Simulationen und Spiele. Jesse Ausubel zum Beispiel entwickelte ein Brettspiel, bei dem der Spieler gewann, der den Zusammenbruch der Welt am längsten aufschieben konnte. Er verfasste auch eine Oper über globale Erwärmung – die tatsächlich aufgeführt wurde –, in der die West-Antarktische Eisdecke unter einem Chor von vergifteten Pinguinen zusammenbricht.

In einem gewissen Sinne ist es bedauerlich, dass all dies mit dem Zusammenbruch der Sowjetunion ein abruptes Ende fand. Das IIASA war nicht länger einzigartig: Jede Universität oder Institution oder NGO konnte nun mit ihrem Gegenstück auf der anderen Seite des nicht mehr existierenden eisernen Vorhangs zusammenarbeiten. Man muss wohl zugeben, dass das IIASA dadurch in eine Identitätskrise gestürzt wurde, aus der es sich erst jetzt befreit hat. Es ist nun ein »Institut für globalen Wandel« mit etwa 25 Mitgliedsstaaten, verteilt über die alte Ost-West-Achse, aber auch entlang der neuen Nord-Süd-Achse. Trotzdem hat das IIASA seine Ursprünge an den gleichen (historischen) Orten wie all die Think Tanks, die die Klein-Hypothese unterstützen. Dies wirft die Frage auf, wie – wenn es denn die gleichen Ursprünge sind – sie so unterschiedlich haben enden können. Man kann diese Frage mit einem erst kürzlich in Laxenburg entdeckten Splitter der Archäologie des Kalten Krieges beantworten.

Das folgende faszinierende Diagramm (S. 118) zeigte mir vor einigen Monaten ein schwedischer Arzt, der während seiner Arbeit über das Gesundheitssystem begonnen hatte, sich für Systemtheorie zu interessieren. Er hatte das IIASA in der Hoffnung besucht, mehr über aktuelle Entwicklungen im Systemdenken zu erfahren und war enttäuscht, am Institut so wenig ausgesprochene Aufmerksamkeit für Systemtheorie zu finden – er fand jedoch einen tröstenden Verbündeten in mir. Ich besitze einen großen Einnerungsschatz, wenn es um das IIASA geht – etwa 25 Jahre der Beteiligung – und hatte gerade ein Buch über Systemtheorie veröffentlicht und speziell darüber, wo sie sich meiner Meinung nach hinbewegt hat.[1] Am Tag seiner Abreise zeigte er mir eine Kopie, die er von einer alten Kopie gemacht hatte, die sich hinter dem Kopierer in der Institutsbibliothek versteckt hatte. Die hier reproduzierte Abbildung stammt von dieser Kopie, die er gemacht hat.

Obwohl eher undeutlich, sieht man oben auf der Seite, dass sie um 1830 beginnt und dann die entscheidenden Entwicklungen auf vier Spalten verteilt – Militär/Regierung, Wissenschaft, Indus-

---

1 Michael Thompson: *Organising and Disorganising: A Dynamic and Non-Linear Theory of Institutional Emergence and its Implications*, Axminster 2008.

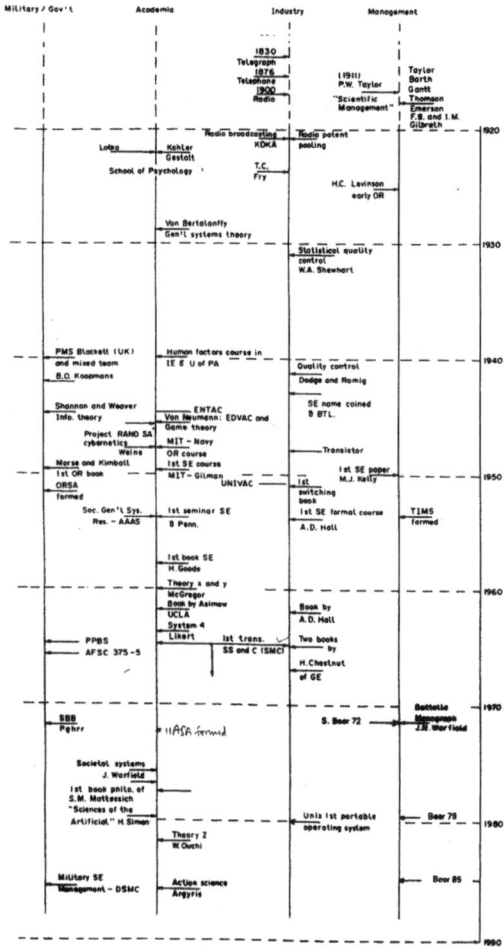

trie und Management –, die um 1988 enden, was einen Hinweis auf das Publikationsdatum gibt, wenn man nur wüsste, wer wohl der Autor war! Ich fragte die Bibliotheksmitarbeiter danach, aber die waren nur verblüfft. Erst als ich sagte: »Schaut mal, jemand hat ›IIASA, gegründet 1973‹ hinzugefügt«, sagten sie: »Aha! Das sieht nach Eddie Lösers Handschrift aus«, dem ursprünglichen und inzwischen pensionierten Bibliothekar. Seine Post wurde ihm auf sein Weingut am Rande Wiens geschickt, und es stellte sich heraus, dass er ganz genau wusste, woher dieses Diagramm stammt: A.D. Hall, *Metasystems Methodology: A New Synthesis and Unification*, Oxford: Pergamon Press 1989. Eine sorgfältige Untersuchung des Diagramms brachte zwei frühere Bücher von A.D. Hall zum Vorschein, das eine von 1963 und das andere von 1954, die beide in der Industrie-Spalte stehen. Das alles deutet darauf hin, dass wir dieser beeindruckenden Synopse Vertrauen schenken können.

Sie lässt erkennen, dass die Ursprünge des Systemdenkens sich in Industrie und Management finden, dass die Wissenschaft in den frühen 1920er Jahren hinzukommt, und dass Militär und Regierung vor Patrick M.S. Blackett und seinem *Operations Research*-Team im Zweiten Weltkrieg überhaupt nicht beteiligt waren. Von da an und durch den Kalten Krieg hindurch wird dieser Strang ziemlich dick – aber nicht dicker, so scheint es, als die der anderen drei Spalten, von denen außerdem jede den Kalten Krieg und den ihm zugeschriebenen militärisch-industriellen Komplex[2]

2 Weil es zwei Supermächte und darum auch zwei Seiten des Kalten Krieges gab, könnte man einwenden, dass ich militärisch-industrielle Komplexe in die Pluralform hätte setzen müssen. Allerdings brauchte – wie Kenneth Boulding, ein regelmäßiger Gast des IIASA während seines ersten Jahrzehnts, immer ins Feld führte – jede Seite den Komplex der anderen: So hatte nämlich auch jede Seite eine Bedrohung, auf die man verweisen

ein Jahrhundert zurückdatiert. Wie man sehen kann, gehört das IIASA (nach Eddie Lösers Einschätzung) in die wissenschaftliche Spalte und *nicht* in die von Militär/Regierung: eine Einschätzung, die unterstützt, was ich über seine Gründung und die Aufgaben seiner frühen Jahre gesagt habe. All das legt nahe, dass die Klein-Hypothese, nach der Think Tanks und Panzer ununterscheidbar sind, zwar stichhaltig ist, aber weit entfernt von der ganzen Geschichte. Stattdessen trifft sie nur für eine der vier Spalten von A.D. Hall zu, und selbst innerhalb dieser Spalte nur für weniger als die Hälfte der bisherigen Geschichte des Systemdenkens. Anhand dessen zu behaupten, alle Think Tanks seien Panzer, kommt in etwa dem Postulat gleich, alle Vegetarier seien Faschisten, weil Hitler Vegetarier war.

Übersetzung: Claus Pias, Sebastian Vehlken

---

konnte, damit die Dollars oder Rubel weiter rollten. In diesem Sinne bildeten sie einen einzigen Komplex, denn ihre Interessen waren identisch.

Autoren

Thomas Brandstetter studierte Philosophie in Wien und promovierte in Kultur- und Medienwissenschaften an der Bauhaus Universität Weimar. Von 2006–2009 war er wissenschaftlicher Mitarbeiter am Institut für Philosophie der Universität Wien; seit Oktober 2009 ist er PostDoc bei eikones NFS Bildkritik in Basel. Zur Zeit arbeitet er an einer Geschichte der Kristallanalogien in der Biologie. Seine sonstigen Forschungsschwerpunkte umfassen die Geschichte von Wissenschaft und Technik, Imagination in der Wissenschaft und die Epistemologie der Exobiologie.
Zu seinen Veröffentlichungen gehören: *Kräfte messen. Die Maschine von Marly und die Kultur der Technik*, Berlin 2008; (Hg. gemeinsam mit Christof Windgätter): Zeichen der Kraft. Wissensformationen 1800–1900. Berlin 2008; »Leben im Modus des Als-Ob. Spielräume eines alternativen Mechanismus um 1900«, in: Avanessian, A./Menninghaus, W./Völker, J. (Hg.): *Vita Aesthetica. Szenarien ästhetischer Lebendigkeit*, Zürich, Berlin 2009, S. 237–249.

Lea Hartung studierte Europäische Medienkultur in Weimar und Lyon. Zur Zeit promoviert sie an der Humboldt-Universität zu Berlin über die Formierung eines neoliberalen Regierungsdiskurses am Beispiel der Mont Pèlerin Society. Sie ist Mitglied bei *reflect! Assoziation für politische Bildung und Gesellschaftsforschung*.
Zu ihren Veröffentlichungen gehören: »Horst Herolds kybernetische Polizei und die RAF. Überlegungen zur Ent-Politisierung eines Konflikts«, in: Detlef Georgia Schulze; Sabine Berghahn; Frieder Otto Wolf (Hrsg.): *Politisierung und Ent-Politisierung als*

performative Praxis, Münster 2006, S. 181–186. »Horst Herold –
Erfinder der Rasterfahndung«, in: *port 2005*, S. 54–58.

Thomas Macho forscht und lehrt als Professor für Kulturgeschichte
an der Humboldt-Universität zu Berlin und als Gastprofessor für
Kunstphilosophie und Kulturtheorie und an der Kunstuniversität
Linz. 1999 war er Mitbegründer des Hermann von Helmholtz-
Zentrums für Kulturtechnik. Zu seinen Arbeitsschwerpunkten
gehören Ritual- und Festkulturen, die Kulturgeschichte des Todes
sowie Kulturtechniken des Kalenders.
Zu seinen zahlreichen Veröffentlichungen gehören: Gemein-
sam mit Anette Wunschel (Hrsg.): *Science & Fiction. Über Ge-
dankenexperimente in Wissenschaft, Philosophie und Literatur*,
Frankfurt/M. 2004. *Das zeremonielle Tier. Rituale, Feste, Zeiten
zwischen den Zeiten*, Wien, Graz, Köln 2004. Gemeinsam mit
Petra Lutz (Hrsg.): *Zwei Grad. Das Wetter, der Mensch und sein
Klima*, Göttingen 2008.

Claus Pias ist Professor für Erkenntnistheorie und Philosophie der
digitalen Medien an der Universität Wien und derzeit Fellow am
Wissenschaftskolleg zu Berlin, wo er zur Mediengeschichte der
Computersimulation arbeitet.
Zu seinen Veröffentlichungen gehören: Gemeinsam mit Wolfgang Coy (Hrsg.): *PowerPoint. Macht und Einfluss eines Präsenta-
tionsprogramms*, Frankfurt/M. 2009. *Abwehr. Modelle – Strategien
– Medien*, Bielefeld 2009. *Cybernetics/Kybernetik. Die Macy-Konferenzen 1946–1953*, 2 Bde., Zürich/Berlin 2003/04.

Michael Thompson ist Mitglied im *Risk and Vulnerability Program*
des *IIASA International Institute for Applied Systems Analysis* in
Laxenburg, Fellow am *James Marin Institute for Science and Ci-*

vilization der Universität Oxford und Senior Researcher am *Stein Rokkan Centre for Social Research* der Universität Bergen, Norwegen. Er begann seine Karriere als Berufssoldat, studierte Anthropologie in London und Oxford, und bestieg als Extremalpinist in den 1970ern die Südflanke des Annapurna und die Südwestflanke des Mount Everest.

Zu seinen Veröffentlichungen gehören: *Organising and Disorganising: A Dynamic and Non-Linear Theory of Institutional Emergence and its Implications*, Axminster 2008. Gemeinsam mit G. Grendstad P. Selle (Hrsg.): *Cultural Theory as Political Science*, London 1999. *Rubbish Theory: The Creation and Destruction of Value*, Oxford 1979.

Sebastian Vehlken ist Wissenschaftlicher Mitarbeiter im Bereich Epistemologie und Philosophie Digitaler Medien an der Universität Wien. Er studierte Film- und Fernsehwissenschaften, Publizistik und Wirtschaftswissenschaft in Bochum und Media Studies in Perth. Er arbeitet an einem Dissertationsprojekt unter dem Titel *Schwärme. Medialitäten und Politiken der Unschärfe*. Weitere Arbeitsschwerpunkte sind die Theorie und Geschichte Digitaler Medien, Medien in der Biologie, und die Epistemologie der Computersimulation.

Zu seinen Veröffentlichungen gehören: »Angsthasen. Schwärme als Transformationsungestalten zwischen Tierpsychologie und Bewegungsphysik«, in: *Zeitschrift für Kultur- und Medienforschung, 1* (2009), S. 133–147. »Fish & Chips: Schwärme, Simulation, Selbstoptimierung«, in: Eva Horn; Lucas Gisi (Hrsg.): *Schwärme. Kollektive ohne Zentrum*, Bielefeld 2009, S. 125–162. »Stille Wasser sind kalt. Winde, Wellen und suprafluide Gewässer nahe Null«, in: Butis Butis (Hrsg.): *Stehende Gewässer. Medien und Zeitlichkeiten der Stagnation*, Zürich, Berlin 2007, S. 225–237.

* * *

Dieses Buch ist aus einem Workshop der *Wiener Colloquien Medienwissenschaft* (WCM) im November 2008 hervorgegangen. Der Dank der Herausgeber gilt dem Magistrat 07 – Kulturabteilung der Stadt Wien, und namentlich Hubert Christian Ehalt, für seine kurzentschlossene finanzielle Unterstützung. Stephan Schmidt-Wulffen von der Akademie der Bildenden Künste Wien, sowie Jakob Krameritsch und seinem Team sei für ihre Gastfreundschaft und die technische Unterstützung gedankt. Unser besonderer Dank gilt darüber hinaus den Beiträgern und Diskutanten des Workshops, v.a. Dirk Baecker (*Zeppelin Universität Friedrichshafen*), Sebastian Hetzler (*Tonbeller AG*) und Dieter Klumpp (*Alcatel Lucent Stiftung*) für ihre Expertisen, sowie Philipp Hauss für seine Spielfreude und Florian Sprenger für seine konzeptuelle Mitarbeit.